# Das Jugend*gerichts*hilfeb@rometer

Empirische Befunde zur Jugendhilfe im Strafverfahren in Deutschland

Arbeitsstelle Kinder- und
Jugendkriminalitätsprävention

Band 12

Projekt **Jugendhilfe und sozialer Wandel – Leistungen und Strukturen**

Zitiervorschlag:
Arbeitsstelle Kinder- und Jugendkriminalitätsprävention /
Projekt „Jugendhilfe und sozialer Wandel" (Hrsg.):
Das Jugend*gerichts*hilfeb@rometer. Empirische Befunde zur Jugendhilfe
im Strafverfahren in Deutschland. München 2011.

© 2011 Deutsches Jugendinstitut, München
Arbeitsstelle Kinder- und Jugendkriminalitätsprävention
Nockherstraße 2, 81541 München
www.dji.de/jugendkriminalitaet
Email: jugendkriminalitaet@dji.de
Projekt „Jugendhilfe und sozialer Wandel – Leistungen und Strukturen"
www.dji.de/jhsw
Email: gandlgruber@dji.de

ISBN: 978-3-935701-32-7

Umschlagentwurf: Erasmi + Stein, München
Druck: Pröll Druck u. Verlag GmbH & Co KG, Augsburg
Printed in Germany

# Inhaltsverzeichnis

| | Vorwort | 5 |
|---|---|---|
| 1 | Jugendhilfe im Strafverfahren – Aufgaben, Funktion und aktuelle Diskussionen | 7 |
| 2 | Durchführung und Datenbasis der Untersuchung | 13 |
| 3 | Organisation der Jugendhilfe im Strafverfahren | 19 |
| 3.1 | Spezialisiert – entspezialisiert – delegiert | 19 |
| 3.2 | Interne Verteilung der Zuständigkeit | 25 |
| 3.3 | Personalsituation in der Jugendhilfe im Strafverfahren | 29 |
| 3.4 | Arbeitssituation der Mitarbeiter/innen in den Jugendhilfen im Strafverfahren | 34 |
| 3.4.1 | Arbeitszufriedenheit | 35 |
| 3.4.2 | Überlastungsanzeigen | 37 |
| 3.4.3 | Fallbelastung | 39 |
| 3.5 | Zwischenfazit | 42 |
| 4 | Kooperation der Jugendhilfe im Strafverfahren mit anderen Institutionen | 45 |
| 4.1 | Kooperation mit den Jugendgerichten | 46 |
| 4.2 | Zusammenarbeit mit weiteren Kooperationspartnern | 60 |
| 4.3 | Rolle der Jugendgerichtshilfe in der Kooperation mit dem Jugendgericht | 65 |
| 4.4 | Zwischenfazit | 68 |
| 5 | Angebotsstruktur aus Sicht der Jugendhilfen im Strafverfahren | 69 |
| 6 | Jugendhilfe im Strafverfahren in der Einwanderungsgesellschaft | 79 |
| 6.1 | Institutioneller Umgang mit Jugendlichen mit Migrationshintergrund | 82 |
| 6.2 | Kooperation mit Migrantenselbstorganisationen und spezialisierten Diensten | 85 |
| 6.3 | Zwischenfazit | 86 |
| 7 | Bilanz und fachliche Herausforderungen | 87 |

| | | |
|---|---|---|
| **8** | **Literatur** | **93** |
| **9** | **Anhang** | **101** |
| 9.1 | Abkürzungsverzeichnis | 101 |
| 9.2 | Tabellenverzeichnis | 102 |
| 9.3 | Abbildungsverzeichnis | 104 |
| 9.4 | Glossar | 105 |
| 9.5 | Fragebogen | 108 |
| 9.6 | Autorinnen und Autoren | 121 |

# Vorwort

Das Jugend*gerichts*hilfeb@rometer ist ein Kooperationsprojekt zwischen der Arbeitsstelle Kinder- und Jugendkriminalitätsprävention und dem Projekt „Jugendhilfe und sozialer Wandel – Leistungen und Strukturen" Es ist ein Beispiel dafür, wie am Deutschen Jugendinstitut projektübergreifend Expertise genutzt wird, um zu wissenschaftlich abgesicherten Befunden über Entwicklungen in der Kinder- und Jugendhilfe zu kommen.

Wir bedanken uns bei den Kolleginnen und Kollegen der Jugendhilfen im Strafverfahren, die sich die Zeit genommen haben, uns bei der Fragebogenentwicklung zu unterstützen. Unser Dank gilt dabei vor allem denjenigen, die sich die Mühe gemacht haben, den Fragebogen auszufüllen. Denn sie haben damit die Basis für diesen Bericht geschaffen.

Darüber hinaus danken wir allen, die die Studie begleitet und unterstützt haben. Insbesondere richtet sich unser Dank an folgende Institutionen:
- Die kommunalen Spitzenverbände, die die Online-Erhebung wohlwollend begleitet und so wesentlich zur Akzeptanz der Erhebung beigetragen haben.
- Das Bundesministerium für Familie, Senioren, Frauen und Jugend, das durch seine finanzielle Förderung die bundesweite Befragung ermöglicht hat.
- Die DVJJ, die als Fachverband das Anliegen ebenfalls unterstützt und innerhalb ihrer Strukturen immer wieder auf die Erhebung aufmerksam gemacht hat. Auch dies hat sicherlich zum guten Rücklauf beigetragen.

Wir wünschen eine anregende Lektüre und freuen uns über eine breite Rezeption des vorliegenden Bands.

Bernd Holthusen und Sabrina Hoops
Arbeitsstelle Kinder- und Jugendkriminalitätsprävention

Tina Gadow, Christian Peucker, Liane Pluto, Mike Seckinger
Projekt „Jugendhilfe und sozialer Wandel – Leistungen und Strukturen"

# 1 Jugendhilfe im Strafverfahren – Aufgaben, Funktion und aktuelle Diskussionen

Delinquenz im Kindes- und Jugendalter ist immer wieder ein Thema, das große öffentliche und politische Aufmerksamkeit erfährt – insbesondere dann, wenn ungewöhnlich schwere Gewalttaten von Jugendlichen die Schlagzeilen bestimmen. Auf diese spektakulären Taten folgen dann zum einen der (teils kritische) Blick auf das Handeln der zuständigen Institutionen, auf Polizei, Justiz sowie Kinder- und Jugendhilfe und zum anderen unvermeidlich populistische Forderungen nach härteren Strafen. Dagegen ist es in der Fachdiskussion längst Konsens, dass Delinquenz im Kindes- und Jugendalter mit pädagogischen Strategien begegnet werden muss. Mit dem Vorrang des Erziehungsgedankens im Jugendstrafverfahren hat die Bedeutung der Kinder- und Jugendhilfe in den letzten Jahrzehnten stetig zugenommen.

Die Jugendhilfe im Strafverfahren hat in mehrfacher Hinsicht eine Scharnierfunktion: Mit dem Ziel, aus der Straffälligkeit und deren möglichen Folgen erwachsende Risiken für die weitere Entwicklung des Jugendlichen zu vermeiden und mögliche künftige Straffälligkeit zu verhindern, ist die Jugendhilfe im Strafverfahren an der wichtigen Schnittstelle zu Polizei und Justiz. Im Zentrum ihres fachlichen Handelns stehen Jugendliche in ihren aktuellen Lebenssituationen. Dabei ist die Mitwirkung der Jugendlichen die Voraussetzung für gelingende pädagogische Prozesse.

Geschichte, Aufgaben und Funktion

Wenn Jugendliche von der Polizei einer Straftat verdächtigt werden und die Justiz ein Verfahren einleitet, ist die Mitwirkung der Kinder- und Jugendhilfe gefordert. Dies ist als Aufgabe im Sozialgesetzbuch VIII (§ 52 SGB VIII) festgelegt. Während des gesamten Strafverfahrens sollen die Jugendlichen durch eine Fachkraft des Jugendamtes oder eines Freien Trägers begleitet werden. Es muss geprüft werden, ob Leistungen der Jugendhilfe in Betracht kommen, die eine Einstellung des Verfahrens ermöglichen. Die Jugendgerichtshilfe/die Jugendhilfe im Strafverfahren ist Teil der Jugendhilfe. Die Bezeichnungen „Jugendgerichtshilfe" und „Jugendhilfe im Strafverfahren", die jeweils auf eine unterschiedliche Tradition bzw. ein verändertes fachliches Selbstverständnis rekurrieren, sind in der Fachpraxis noch gleichermaßen gebräuchlich. Auch wenn im Kontext des SGB VIII der Begriff der „Jugendgerichtshilfe" nicht mehr verwendet wird (wohl aber im Kontext des JGG), hat sich bislang kein einheitlicher neuer Begriff etablieren können (Goerdeler 2009a: 13). Aus diesem Grund werden die Begriffe „Jugendgerichtshilfe" (JGH) und „Jugendhilfe im Strafverfahren" (JuHiS) in diesem Band synonym verwendet.

Die eindeutige Verortung der Jugendgerichtshilfe im System der Jugendhilfe ist dabei vergleichsweise jüngeren Datums: Historisch betrachtet war das Aufgabenverständnis der Jugendgerichtshilfe vielfach sehr justiznah konzipiert, ihre Rolle mithin im sprichwörtlich gewordenen „Souterrain der Justiz" (vgl. Müller/Otto 1986: VII) verortet. Mit der Neuregelung des Kinder- und Jugendhilferechts im Jahr 1990 wurde die Einbindung der gerichtsbezogenen Aufgaben in den Verantwortungsbereich des Jugendamts unterstrichen. Auch wenn zwischenzeitlich in den Fachdebatten Einigkeit besteht, dass das „traditionelle Bild der JGH von einem rein gerichtsorientierten Dienst" (Trenczek 2003: 12) nicht mehr zutreffend ist, lässt sich ein von allen getragenes, einheitliches Selbstverständnis der Jugendhilfe im Strafverfahren noch nicht klar erkennen.

Im SGB VIII wird im Kontext der Jugendhilfe im Strafverfahren auf die §§ 38 (Jugendgerichtshilfe) und 50 (Anwesenheit in der Hauptverhandlung) im Jugendgerichtsgesetz (JGG) verwiesen. Wer nun aber glaubt, dass diese Verankerung in zwei Gesetzbüchern auch eine quasi doppelte Absicherung der Arbeitsweisen impliziert, ist auf dem Holzweg: Bezeugt wird damit nicht etwa eine besonders komfortable Position, sondern eine zum Teil auch unbequeme Stellung, die zu unterschiedlichen Erwartungen aus verschiedenen gesellschaftlichen Funktionsbereichen (Jugendhilfe und Justiz) führt, was Spannungen und Unsicherheiten im fachlichen Handeln bedingen kann. Die mit dem Jugendstrafverfahren verbundenen Aufgaben erfordern eine funktionierende Schnittstelle, die die Kooperation zwischen Jugendhilfe und Justiz als zwei Handlungsfeldern mit jeweils unterschiedlichen Aufträgen, Handlungslogiken und Verfahrensweisen gewährleistet. Während die Kinder- und Jugendhilfe den Auftrag hat, die Entwicklung der jungen Menschen zu fördern und Gefahren für deren Wohl abzuwehren und dabei den Strukturprinzipien der Freiwilligkeit und der Partizipation verpflichtet ist (vgl. auch BMJFFG 1990), hat die Justiz den Auftrag, Recht zu sprechen und (im Fall von jungen Menschen) künftiger Straffälligkeit entgegenzuwirken. Sie kann Strafen verhängen und mit Zwang durchsetzen.

Aktuelle Diskussion

Ein analytischer Blick auf die Fachdiskussion der letzten Jahre zeigt, dass die unterschiedlichen Interessen, die sich auch in dem doppelten gesetzlichen Bezugsrahmen der Jugendhilfe im Strafverfahren dokumentieren, noch immer fortbestehen. Diese finden ihren Niederschlag nicht zuletzt in den unterschiedlichen Organisationsformen der Jugendhilfen im Strafverfahren.

Auch die Leitthemen verschiedener Bundeskongresse der Jugendgerichtshilfen in der DVJJ[1] geben deutliche Hinweise darauf, dass die Auseinandersetzung um den Standort der Jugendhilfen im Strafverfahren und deren fachliche Ausrichtung nach wie vor anhält. Hinsichtlich der Positionierung der Jugendgerichtshilfen, vor allem bezogen auf ihr fachliches Selbstverständnis an der Schnittstelle zwischen Jugendhilfe und Justiz, scheint es weiterhin Diskussionsbedarf zu geben: Neben der Ausstattung bezieht sich der Diskussionsbedarf vor allem auf Unsicherheiten, die sich aus dem Verhältnis einer spezialisierten Jugendgerichtshilfe zum allgemeinen Sozialdienst ergeben.

Hinzu kommt, dass in den letzten Jahren immer wieder auf Grundlage einzelner Beispiele eine Verschlechterung der Kooperation zwischen den Jugendhilfen im Strafverfahren und dem Jugendgericht beklagt wurde (z. B. Ostendorf 2009). Zentrale Kritikpunkte waren dabei die (Nicht-)Anwesenheit in der Hauptverhandlung und auch die Einführung des § 36a SGB VIII zur Klarstellung der Steuerungsverantwortung der Kinder- und Jugendhilfe. In einschlägigen Fachbeiträgen wurde eine Belastung der Kooperation zwischen Jugendhilfe und Justiz im Jugendstrafverfahren befürchtet (vgl. Goerdeler 2006). In diesem Zusammenhang hat das Bundesministerium der Justiz in der 16. Legislaturperiode eine Arbeitsgruppe zur Vorbereitung eines 3. JGG Änderungsgesetzes zur Verbesserung der Kooperation zwischen Jugendhilfe und Justiz im Jugendstrafverfahren initiiert.[2]

Ein weiteres wichtiges Thema stellt der Umgang mit besonderen Zielgruppen dar, wie jugendliche Mehrfach- und Intensivtäter oder Jugendliche mit Migrationshintergrund. Gerade letztere Gruppe ist für die gesamte Kinder- und Jugendhilfe eine große Herausforderung, was sich auch in der Debatte über interkulturelle Öffnung versus Spezialangebote widerspiegelt. Vielfach wird von Zugangsproblemen berichtet, deren Folgen gerade für straffällige Jugendliche besonders brisant sein können.

1   Bereits auf dem 3. Bundeskongress der Jugendgerichtshelfer/innen wurde dieses Thema breit diskutiert, wie in Heft 3 (1997) des DVJJ-Journals dokumentiert ist.
2   Innerhalb der 16. Legislaturperiode konnte das Vorhaben nicht zum Abschluss gebracht werden. Wünschenswert wäre, wenn eine erneute Initiative an den Diskussionsstand der bisherigen Arbeitsgruppe anknüpfte.

Nicht zuletzt sind Jugendliche mit Migrationshintergrund in den einschlägigen Statistiken überrepräsentiert, obwohl außer Frage steht, dass die ethnische Herkunft an sich keine Erklärung für Kriminalität darstellt.

Herausforderungen und Forschungsfragen

Die Jugendhilfe im Strafverfahren hat gemäß ihrem gesetzlichen Auftrag eine anspruchsvolle Aufgabe mit hoher Verantwortung für die straffälligen Jugendlichen und deren weitere Entwicklung. Über die verschiedenen Praxen der Jugendhilfen im Strafverfahren liegt dennoch kaum empirisch fundiertes Wissen vor. Seit der von Trenczek 1998/1999 als Mitarbeiterbefragung organisierten Studie zur Konzeption und Praxis der Jugendgerichtshilfe gibt es keine aktuellen Daten, die ein systematisches Bild über „die" Jugendgerichtshilfen, ihre Organisationsformen, ihre Selbstverständnisse und ihren Arbeitsalltag geben könnten.

Das Jugend*gerichts*hilfeb@rometer nimmt dieses Defizit an empirisch gesicherten Daten zum Anlass für diese Befragung und knüpft mit seinen Schwerpunkten an die aktuellen Herausforderungen und Diskussionen an. Anfang 2009 entstand die Idee zu einer bundesweiten Online-Befragung aller Jugendhilfen im Strafverfahren. Analog der Befragung der Allgemeinen Sozialen Dienste (ASD) aus dem Jahr 2008 – dem sog. „Jugendhilfeb@rometer" (vgl. Seckinger et al. 2008) – sollte ein „Jugend*gerichts*hilfeb@rometer" ein umfassendes Bild über die Situation der Jugendhilfen im Strafverfahren ermöglichen. Leitend war dabei die Perspektive, wie die Kinder- und Jugendhilfe ihren Auftrag zur Mitwirkung im Jugendstrafverfahren ausgestaltet. Ziel war es, notwendige Informationen über die Jugendhilfen im Strafverfahren zu generieren und dabei auch mögliche Ost-West-Unterschiede zu berücksichtigen, um einen Beitrag für die fachliche Weiterentwicklung in diesem Feld zu leisten und Defizite abzubauen.

In den Blick genommen werden dazu folgende Fragenkomplexe:
- Wie ist die Jugendhilfe im Strafverfahren innerhalb der Kinder- und Jugendhilfe organisiert? Stichworte sind hier (Re-)Spezialisierung, Entspezialisierung und Delegation. Welches Selbstverständnis wird sichtbar?
- Wie stellt sich die Arbeitssituation in der Jugendhilfe im Strafverfahren dar? Wie ist die Personalsituation wie hoch ist die Fallbelastung und wie steht es um Arbeitszufriedenheit und die Fluktuation der Mitarbeiter und Mitarbeiterinnen?

- Wie sieht die Kooperation zu den Jugendgerichten und weiteren Kooperationspartnern aus und welche Bedeutung hat hier die Organisationsform der Jugendgerichtshilfe? Welche Probleme bestehen auch vor dem Hintergrund der aktuellen Diskussionen um den § 36a SGB VIII?
- Welche Entwicklungen in der Angebotsstruktur sind zu verzeichnen?
- Wie wird mit aktuellen Herausforderungen umgegangen, wie zum Beispiel mit dem Thema „straffällige Jugendliche mit Migrationshintergrund"?

Der vorliegende Band gliedert sich wie folgt: Nach der Beschreibung des Untersuchungsdesigns und der Datenbasis folgt die ausführliche Ergebnisdarstellung entlang der oben genannten Fragenkomplexe. Sozialwissenschaftliche Fachbegriffe werden am Ende des Bandes in einem Glossar erläutert. Dort ist auch der Online-Fragebogen dokumentiert.

## 2   Durchführung und Datenbasis der Untersuchung

Das Ziel des Jugend*gerichts*hilfeb@rometers ist es, empirisch abgesicherte Erkenntnisse über die Organisationsformen, die Kooperationsbeziehungen sowie über ausgewählte Angebote der Jugendhilfen im Strafverfahren zu erlangen. Zudem sollen blinde Flecken hinsichtlich des Themas „Jugendgerichtshilfe in der Einwanderungsgesellschaft" erhellt werden. Die methodische Umsetzung erfolgt über eine bundesweite Online-Befragung aller Jugendhilfen im Strafverfahren (Vollerhebung). Anders als die von Trenczek 1998/1999 durchgeführte Bestandsaufnahme über die Mitwirkung der Jugendhilfe im Strafverfahren, in der einzelne Fachkräfte befragt wurden, handelt es sich bei der vorliegenden Studie um eine Organisationsbefragung.[3]

Die Fragebogenentwicklung erfolgte in mehreren Schritten: Ausgehend vom eigenen Erkenntnisinteresse und den nur wenigen vergleichbaren vorliegenden empirischen Studien in diesem Themengebiet (vgl. Trenczek 2003; Eberitzsch 2007) wurde eine erste Fassung des Fragebogens entwickelt. Dieser wurde mehreren Pretests mit Vertretern und Vertreterinnen der Jugendgerichtshilfe (sowohl telefonisch als auch face-to-face) unterzogen, um die einzelnen Items auf ihre Verständlichkeit hin zu überprüfen. Auf Grundlage der Pretests und der Anregungen vonseiten des Bundesministeriums für Familie, Senioren, Frauen und Jugend und der kommunalen Spitzenverbände wurde dann eine zweite Fassung erstellt, die als Online-Instrument programmiert und weiteren Tests unterzogen wurde. Nach Fertigstellung des Fragebogens wurde der Fachpraxis per E-Mail mit einem beigefügten Empfehlungsschreiben der kommunalen Spitzenverbände die bevorstehende Online-Befragung angekündigt.

*Die Adressrecherche*

Parallel zur Fragebogenentwicklung wurde eine aufwendige Adressrecherche durchgeführt, um die Personen anzusprechen, die mit Blick auf die als Institutionenbefragung konzipierte Online-Erhebung auskunftsfähig sind. Die Erfahrung mit vergleichbaren empirischen Studien mit vergleichsweise großen Organisationen hat gezeigt, dass es oft nicht zielführend ist, lediglich an die zentrale E-Mail-Adresse zu schreiben.

---

3   Diese unterschiedlichen Zugänge zum Feld (Mitarbeiterbefragung einerseits, Institutionenbefragung andererseits) schränken die unmittelbare Vergleichbarkeit der beiden Untersuchungen zur Jugendhilfe im Strafverfahren ein. Stellt man die Befunde gegenüber, so gilt es, dies zu berücksichtigen.

Vielmehr ist der Erfolg einer Befragung davon abhängig, ob die E-Mail die dafür fachlich zuständige Stelle direkt erreicht, ohne dabei die hierarchischen Wege innerhalb des Amtes zu verletzen. Dabei wird die Adressrecherche nicht selten dadurch erheblich erschwert, dass sich Ämter häufig ausschließlich mit ihrer zentralen E-Mail-Adresse im Internet präsentieren. Daher wurden, um eine möglichst vollständige Liste der E-Mail-Adressen zu erhalten, in einem mehrstufigen Verfahren Anschriften recherchiert: zuerst über Listen, die von DVJJ, Landesjugendämtern oder anderen Organisationen zur Verfügung gestellt wurden, dann über das Internet und die Homepages der einzelnen Jugendämter und im dritten Schritt durch telefonische Anfragen bei den jeweiligen Jugendgerichtshilfen. Die Adressen, die sich beim Versenden der E-Mail zur Ankündigung der Befragung als falsch herausgestellt hatten, wurden erneut recherchiert, telefonisch verifiziert und angeschrieben.

*Der Fragebogen*

Der Fragebogen (vgl. Anhang 9.5) mit insgesamt 53 Fragen beinhaltet folgende Themenkomplexe:[4]
- Organisation der Jugendhilfen im Strafverfahren und Personal,
- Kooperation mit anderen Institutionen,
- Angebote für straffällige Jugendliche und
- Herausforderungen in der Einwanderungsgesellschaft.

Die Jugendhilfen im Strafverfahren wurden zunächst per E-Mail über die anstehende Befragung informiert und der Fragebogen vorab in Form einer PDF-Datei übermittelt. Einige wenige Jugendämter haben diese PDF-Version für einen Ausdruck genutzt, um den Fragebogen handschriftlich auszufüllen und ihn per Briefpost zurückzuschicken. In einer zweiten E-Mail wurden den Jugendgerichtshilfen einige Tage danach die Zugangspasswörter zum Online-Fragebogen übermittelt. Die Erhebung, also die Freischaltung des Online-Fragebogens, begann im Juli 2009 und wurde im Oktober 2009 abgeschlossen. Um zu gewährleisten, dass Rückfragen beantwortet und Missverständnisse oder auch technische Probleme geklärt werden konnten, waren während der Feldphase jederzeit Mitarbeiter/innen aus dem DJI-Forschungsteam telefonisch erreichbar. Die Möglichkeit dieser „telefonischen Beratung" wurde rege genutzt. Gegen Ende der Erhebungsphase wurde eine E-Mail zur Erinnerung verschickt, um den Rücklauf der Fragebögen zu erhöhen.

---

4  Eine antwortbezogene Filterführung ermöglichte, dass nicht-zutreffende nachfolgende Fragen automatisch übersprungen wurden.

Bei Online-Befragungen sind nach wie vor spezifische Herausforderungen zu bewältigen: Ein Problem für die Realisierung von Online-Befragungen ist die noch immer nicht überall ausreichende Ausstattung mit Computern; es gibt zum Teil keinen Zugang zum Internet (auch aus Sicherheitsgründen). Fehlende Routinen im Umgang mit dem Medium Internet haben vor allem zu Beginn der Online-Erhebung zu vielen Rückfragen geführt.

Im Dezember 2009 wurde ein Validierungsworkshop mit Fachkräften der Jugendhilfen im Strafverfahren und Vertreter/innen der DVJJ durchgeführt, um nach einer ersten Auswertungsphase Ergebnisse zu präsentieren und zur Diskussion zu stellen. Die Ergebnisse dieser Diskussionen wurden in die weitere Auswertungsarbeit integriert.

Den Daten der Jugendgerichtshilfen wurden teilweise zusätzliche Informationen aus verschiedenen amtlichen Statistiken zugespielt, um bei der Auswertung auch Kontextvariablen einbeziehen zu können. Darüber hinaus wurden auch Daten aus anderen Jugendamtsstudien des Projekts „Jugendhilfe und sozialer Wandel" in den Datensatz eingegliedert.

Um die Datenqualität zu sichern, wurde bei all den Ergebnissen, die als unwahrscheinlich einzustufen waren oder mögliche Ausfüllfehler darstellten, telefonisch nachgehakt (z. B. bei der Anzahl von Fällen pro Vollzeitstelle). Fehlinterpretationen der Daten werden aufgrund dieser Auswertungs- und Absicherungsstrategien deutlich unwahrscheinlicher. Auf dieser abgesicherten Datenbasis erfolgten die statistischen Analysen sowie die inhaltsanalytische Auswertung der offenen Fragen.

Methodisch ergänzt wurde die quantitative Online-Befragung durch qualitative Verfahren: So wurden im Verlauf des Auswertungsprozesses zu einzelnen Themenbereichen (z. B. Ein-Personen-Jugendgerichtshilfen oder der Adressatengruppe der Jugendlichen mit Migrationshintergründen) ausführliche Expertengespräche geführt, um offen gebliebene Fragen zu problematisieren und bestimmte Inhalte zu vertiefen (vgl. Meuser/Nagel 1997). Einzelne Auszüge aus diesen Interviews fließen in anonymisierter Form in die Ergebnisdarstellung ein; sie dienen dazu, die quantitativen Daten zu plausibilisieren und zu illustrieren. Dies gilt ebenso für Zitate aus den Diskussionen im Rahmen des Validierungsworkshops.

Die Datenbasis

Insgesamt wurden 581 Jugendämter per E-Mail angeschrieben.[5] Die Auswertung beruht auf den Antworten von 391 Jugendämtern. Die Rücklaufquote beträgt somit 67 %.[6] Verglichen mit anderen Jugendamtsbefragungen handelt es sich um einen sehr guten Rücklauf (vgl. z. B. Merchel et al. 2010, Pluto et al. 2007, Santen et al. 2003). Durch eine entsprechende Gestaltung des Fragebogens[7] konnten Drop-outs vermieden werden.

Der Vergleich der Stichprobe mit der Grundgesamtheit hinsichtlich der kommunalen Zuordnung, also zwischen kreisfreien Städten, Landkreisen und kreisangehörigen Gemeinden zeigt, dass es zu diesem Aspekt in der Stichprobe keine Verzerrung gibt (vgl. Tabelle 1).

**Tabelle 1: Vergleich der Stichprobe zur Grundgesamtheit bzgl. kommunaler Zuordnung**

|  | Grundgesamtheit | Stichprobe |
| --- | --- | --- |
| Regionalisiertes Jugendamt | 28 % | 26 % |
| Kreisjugendamt | 50 % | 49 % |
| Jugendamt in kreisfreier Stadt | 22 % | 25 % |

Quelle: Jugend*gerichts*hilfeb@rometer, DJI 2011

Tabelle 2 veranschaulicht, dass sich in allen Bundesländern jeweils über die Hälfte der Jugendämter an der Untersuchung beteiligt haben (Spanne von 53 % bis 100 %). Angesichts der in Tabelle 2 dargestellten Rücklaufquoten bezogen auf die einzelnen Bundesländer ist davon auszugehen, dass es auch hinsichtlich der Verteilung über die Bundesländer keine systematischen regionalen Verzerrungen im Rücklauf gibt.

---

5   Gegenüber der Erhebung des Jugendhilfeb@rometers im Jahr 2008 (vgl. Seckinger et al. 2008) ist die Anzahl der Jugendämter etwas geringer. Dies erklärt sich aus den inzwischen vollzogenen Kreisgebietsreformen in Sachsen und Sachsen-Anhalt. Eine Besonderheit gibt es noch in der Hansestadt Hamburg: Dort ist die Jugendhilfe im Strafverfahren nicht bei den eigenständigen Bezirksjugendämtern, sondern beim Landesjugendamt organisiert.

6   Es kann hier nicht ausgeschlossen werden, dass einzelne E-Mails als Spam deklariert wurden und deshalb vom Empfänger nicht wahrgenommen und bearbeitet werden konnten. Somit hätte sich die Anzahl der tatsächlich erreichten Jugendämter verringert.

7   Die Reihenfolge der Items wurde in Abhängigkeit des Rechercheaufwands für die Beantwortung festgelegt. Ebenso wurden die Fragen so gekoppelt, dass Items, bei denen eine erhöhte Missingrate erwartet wurde, nicht zu einem Abbruch des Fragebogens führen sollten.

**Tabelle 2: Rücklauf nach Bundesländern**

|  | Anzahl Jugendämter | Anzahl Antworten | Rücklauf |
|---|---|---|---|
| Baden-Württemberg | 49 | 31 | 63 % |
| Bayern | 96 | 65 | 68 % |
| Berlin | 12 | 10 | 83 % |
| Brandenburg | 18 | 13 | 72 % |
| Bremen | 2 | 2 | 100 % |
| Hamburg | 1 | 1 | 100 % |
| Hessen | 33 | 29 | 88 % |
| Mecklenburg-Vorpommern | 18 | 10 | 56 % |
| Niedersachsen | 61 | 38 | 62 % |
| Nordrhein-Westfalen | 179 | 114 | 64 % |
| Rheinland-Pfalz | 41 | 28 | 68 % |
| Saarland | 6 | 4 | 67 % |
| Sachsen | 13 | 13 | 100 % |
| Sachsen-Anhalt | 14 | 10 | 71 % |
| Schleswig-Holstein | 15 | 8 | 53 % |
| Thüringen | 23 | 14 | 61 % |
| Anonym |  | 1 |  |
| Insgesamt | 581 | 391 | 67 % |

Quelle: Jugend*gerichts*hilfeb@rometer, DJI 2011

Auch wenn es einige wenige Jugendämter gibt, bei denen wir aufgrund des fehlenden Internetzugangs die für Jugendgerichtshilfe zuständigen Stellen nicht erreicht haben, ist insgesamt von einer weitgehend verzerrungsfreien Stichprobe auszugehen.

Die in diesem Text in den Tabellen dargestellten Werte beziehen sich grundsätzlich auf die gesamte Stichprobe. Sollten sich die Ergebnisse, zum Beispiel aufgrund der Filterführung im Fragebogen, ausschließlich auf eine Teilgruppe beziehen, so wird die Anzahl der Jugendgerichtshilfen, die geantwortet haben, in der Tabelle angegeben.

# 3 Organisation der Jugendhilfe im Strafverfahren

In diesem Kapitel wird die Organisation der Jugendhilfe betrachtet. Zuerst wird in zwei Abschnitten den Fragen nachgegangen, in welcher Organisationseinheit die Jugendhilfe im Strafverfahren verankert ist und ob sie sozialräumlich organisiert ist. Der dritte Abschnitt befasst sich mit der Personalsituation der Jugendhilfen im Strafverfahren und im vierten Abschnitt werden die Befunde zur Arbeitssituation vorgestellt.

## 3.1 Spezialisiert – entspezialisiert – delegiert

Die Frage nach der angemessenen Organisation der Aufgaben der Jugendhilfe im Strafverfahren wird immer wieder diskutiert. Die Gründe dafür liegen auch in der historischen Entwicklung der Jugendgerichtshilfe. Insbesondere durch die zu Beginn unabhängig voneinander entstandenen Institutionen und Organisationen für die Jugendfürsorge einerseits und die Jugendstrafverfahren andererseits und durch die Verortung der Aufgaben der Jugendhilfe im Strafverfahren in beiden Gesetzestexten hat sich die Vorstellung von einer Sonderrolle der Jugendhilfe im Strafverfahren innerhalb der Kinder- und Jugendhilfe erhalten (vgl. Laubenthal 1993). Zwar war die Jugendgerichtshilfe von Beginn an außerhalb der Justiz und der juristischen Profession angesiedelt, wurde aber innerhalb des Jugendamtes eher unverbunden mit anderen Aufgaben der Jugendhilfe wahrgenommen (Wiesner 2006: 1035). In den achtziger Jahren setzte dann ein Veränderungsprozess ein, der das Aufgabenverständnis erweiterte und auch die Frage der Organisation der Jugendhilfe im Strafverfahren zur Diskussion stellte. Ihre Sonderrolle findet nach wie vor Ausdruck darin, dass die Aufgaben der Jugendhilfe im Strafverfahren traditionell von einem spezialisierten Fachdienst im Jugendamt wahrgenommen werden.

Der größere Anteil der vorgelegten Vorschläge zur Organisation der Jugendgerichtshilfe in den letzten Jahrzehnten bevorzugt einen spezialisierten Dienst innerhalb des Jugendamtes. Die hierfür vorgebrachten Argumente beziehen sich auf die spezifischen Fachkenntnisse, die für die Erfüllung der Aufgaben notwendig sind, und die Kenntnisse und Verfahrensroutinen, die im Kontakt zum Justizsystem entwickelt werden müssen. Diese Spezialisierung hat aber auch dazu geführt, dass sich zwischen dem Personal der Jugendhilfe im Strafverfahren und den Mitarbeitern und Mitarbeiterinnen in anderen Arbeitsbereichen des Jugendamts eine relativ große Distanz entwickelt hat.

Rolle und Selbstverständnis der Jugendhilfe im Strafverfahren haben sich spätestens im Zuge der Fachdiskussion um den Achten Jugendbericht (vgl. BMJFFG 1990)[8] sowie mit der Einführung des im SGB VIII vollzogenen Perspektivwechsels der Kinder- und Jugendhilfe hin zu einer verstärkten Lebensweltorientierung verändert. Ein fachliches Handeln, das an der Lebenswelt der Adressaten ansetzt und deren Lebenssituation mit den vorhandenen Potenzialen und Ressourcen in den Mittelpunkt stellt, ist auf eine gute Kenntnis des Lebensumfeldes angewiesen und braucht ein breites Wissen über die Angebote vor Ort. Aus einem solchem Jugendhilfeverständnis heraus ist die Delinquenz eines Jugendlichen nicht isoliert von seiner Lebenssituation zu betrachten. Es ist anzunehmen, dass es einer in den ASD integrierten Jugendhilfe im Strafverfahren besser gelingt, diese Perspektive zu verwirklichen. Für die Umsetzung des Konzeptes der Lebensweltorientierung bedarf es allerdings auch einer Ausstattung mit entsprechender Infrastruktur.

Die Befunde des Jugend*gerichts*hilfeb@rometers dokumentieren, dass sich die Diskussionen um die fachliche Verortung der Jugendgerichtshilfen und deren Selbstverständnis auch in ihren Organisationsformen widerspiegeln. Es bestehen drei Organisationstypen: die eigenständige Organisationseinheit, die Jugendhilfe im Strafverfahren als Teil des Allgemeinen Sozialen Dienstes (ASD) und die vollständig oder teilweise an einen Freien Träger delegierte Jugendhilfe im Strafverfahren (vgl. Tabelle 3).

### Tabelle 3: Organisationsform der Jugendhilfen im Strafverfahren

| Organisationsform | |
|---|---|
| Eigenständige, spezialisierte Organisationseinheit | 69 % |
| Als ein Teil des (Allgemeinen) Sozialen Dienstes | 27 % |
| Vollständige oder teilweise Delegation an einen oder mehrere Freie Träger | 5 % |

Quelle: Jugend*gerichts*hilfeb@rometer, DJI 2011

Bei zwei Dritteln der Jugendämter (69 %) ist die Jugendhilfe im Strafverfahren in einer eigenständigen, spezialisierten Organisationseinheit, die ausschließlich JGH-Tätigkeiten ausübt, geregelt. Trenczek (2003) kam bei seiner Mitarbeiter-Befragung zu einem ähnlichen Ergebnis; dies signalisiert eine hohe Stabilität in diesem Feld. Dieser Anteil an spezialisierten

---

8  Im Achten Jugendbericht wurde befürchtet, dass mit einer spezialisierten Jugendhilfe im Strafverfahren die Gefahr einhergehe, Hilfeangebote zu eng bezogen auf die Delinquenz des Jugendlichen zu entwickeln und alternative Unterstützungs- und Hilfemöglichkeiten eher auszuschließen.

Organisationsformen ist in Ost- und Westdeutschland ähnlich groß. 27 % der Jugendämter haben die Aufgaben der Jugendhilfe im Strafverfahren in das Aufgabenspektrum des Allgemeinen Sozialen Dienstes integriert.

Die meisten Jugendhilfen im Strafverfahren organisieren also ihre Aufgaben in einem eigenständigen, spezialisierten Dienst. Ein Grund dafür liegt sicherlich in den Rahmenbedingungen und Ressourcen der Allgemeinen Sozialen Dienste. Denn in den letzten Jahren hat sich gezeigt, dass die sozialen Dienste durch Faktoren wie z. B. die personelle Unterausstattung, die Konzentration der Öffentlichkeit auf den Kinderschutz, eine wachsende Komplexität in den verschiedenen sozialen Handlungsfeldern und den dazugehörigen Gesetzen häufig an ihre Grenzen kommen (vgl. Seckinger et al. 2008). Diese Erfahrungen haben offenbar auch dazu geführt, dass dem entspezialisierten Organisationsmodell mit großer Skepsis hinsichtlich der Möglichkeiten einer angemessenen Aufgabenwahrnehmung entgegen getreten wird.

Für die 27 % der Jugendgerichtshilfen, die in den ASD integriert sind, stellt sich unter anderem die Frage, welchen Arbeitszeitanteil die JGH-Aufgaben neben den anderen Aufgaben für die damit befassten Fachkräfte einnehmen. Durchschnittlich beträgt hier der Arbeitszeitanteil für die JGH-Aufgaben 38 %. Für ASD-integrierte Jugendgerichtshilfen sind unterschiedliche Organisationsmodelle identifizierbar: In der Hälfte der ASD-integrierten Jugendgerichtshilfen machen die JGH-Aufgaben weniger als ein Fünftel der Arbeitszeit der Fachkräfte aus. Das heißt, in dieser Gruppe ist die Jugendhilfe im Strafverfahren eher ein kleines Aufgabengebiet, in dem kaum Zeit für weitere Vertiefungen von Fachkenntnissen in diesem Bereich besteht. Am anderen Ende des Spektrums finden sich einige wenige Organisationseinheiten, die den Anteil der JGH-Aufgaben sogar mit 100 % beziffern. Das heißt, auch innerhalb der ASD-integrierten Jugendgerichtshilfen gibt es ein Organisationsmodell mit einem hohen Spezialisierungsgrad. Möglicherweise entscheiden sich einige soziale Dienste wieder für die Spezialisierung von Aufgaben, da das Ideal einer umfassenden Generalistenkompetenz im Kontext einer Unterausstattung vieler Allgemeiner Sozialer Dienste eher als strukturelle Überforderung der Mitarbeiter/innen denn als Gewinn für die Adressaten wahrgenommen wird. Dieser Überforderung wird auch versucht entgegenzuwirken, indem entweder Teams mit spezialisierter Fachlichkeit gebildet werden oder aber indem anstelle eines allzuständigen Sozialen Dienstes der soziale Dienst mit eingeschränkter Zuständigkeit durch mehrere Spezialdienste ergänzt wird.[9] Bezogen auf alle Jugendgerichtshilfen könnten somit unter der Spezialisierungsperspektive zu den 69 % in eigenständigen Organisationseinheiten noch weitere 5 % hinzugerechnet werden, in denen die Jugendgerichtshilfe zwar innerhalb des ASD organisiert ist, aber spezialisiert mit über 50 % der Arbeitszeit der Fachkräfte ausgeführt wird. Dies ist signifikant häufiger in ostdeutschen Jugendämtern der Fall.

Der dritte Organisationstyp bezeichnet Arbeitseinheiten, die ihre Aufgaben vollständig oder teilweise an einen oder mehrere Freie Träger delegiert haben. Die Mitwirkung im Jugendstrafverfahren bleibt dabei in der Verantwortung des öffentlichen Trägers, auch wenn Einzeltätigkeiten oder das gesamte Tätigkeitsspektrum „zur Ausführung" übertragen werden (vgl. Goerdeler 2009c: 180). Eine Übertragung der Aufgabe als solche ist nicht möglich (§ 76 SGB VIII). Mit einem Anteil von 5 % an allen Jugendhilfen im Strafverfahren bleibt eine vollständige oder teilweise Delegation an Freie Träger eher die Ausnahme.

Der Blick auf den Einzelfall und die Expertengespräche legt die Vermutung nahe, dass eine vollständige Aufgabenübertragung durchaus mit Problemen behaftet ist. Zentrale Stichworte sind hier z. B. Trägerpluralität, Sicherstellung hoheitlicher Aufgaben, Datenschutz, Steuerung durch das Jugendamt und der damit verbundene Verwaltungsaufwand. Vieles deutet darauf hin, dass die Plausibilität einer solchen Organisationsform nur vor der Folie der jeweiligen Besonderheiten vor Ort und der politisch motivierten Entscheidungen verständlich gemacht werden kann. Auch wenn eine Delegation an einen Freien Träger im Einzelfall trotz erheblichen Kooperationsaufwands funktionieren könnte, ein richtungsweisendes Modell ist es offenbar keinesfalls, wie auch im Rahmen des Validierungsworkshops bestätigt wurde:

„Es [...] gab natürlich ein Kooperationspapier, einen Vertrag. Das war am Anfang [...] wirklich so: Um die hoheitliche Aufgabe wahrzunehmen, wurde von jeder Anklageschrift eine Kopie gemacht und bei uns im Amt gehortet, abgelegt und gesammelt. Jeder Sachbearbeiter hat Berge von Papier gehabt. Es war ein wahnwitziger Aufwand."

(Teilnehmerin Validierungsworkshop)

---

9  Es wäre lohnenswert, in einer eigenen Fragestellung den Nutzen und die Beschränkungen von spezialisierten Einheiten innerhalb des ASD genauer zu untersuchen.

Wenn Aufgaben nur partiell delegiert werden, erfolgt dies vor allem in zwei unterschiedlichen Varianten: entweder in Form einer Delegation für bestimmte Zielgruppen, was zumindest vorübergehend durchaus sinnvoll sein kann (z. B. für Jugendliche mit einem spezifischen Migrationshintergrund) oder für bestimmte Hilfeangebote (z. B. Täter-Opfer-Ausgleich, Soziale Trainingskurse). Ein Beispiel für die teilweise Delegation ist die Übertragung der Aufgaben für Jugendliche mit Migrationshintergrund an einen Freien Träger, der in der Arbeit mit diesen Zielgruppen langjährige Erfahrung aus der Beratungsarbeit hat – ein Modell, das sich in einigen westdeutschen Großstädten findet. Ein potenzieller Vorteil dieses Modells ist, dass die interkulturelle Kompetenz und die spezifischen Kenntnisse des Freien Trägers über die jeweiligen Migrantengruppen den Zugang zu den Jugendlichen und Eltern erleichtern. Ein mögliches Risiko besteht hingegen darin, dass durch eine Delegation dieses Aufgabenbereichs mittelfristig die fachlich sinnvolle interkulturelle Öffnung der Regeldienste eher verhindert wird.

Blickt man zurück auf die letzten fünf Jahre, ist festzuhalten: Die Jugendhilfen im Strafverfahren sind hinsichtlich ihrer Organisationsstrukturen von Stetigkeit geprägt. Nicht nur, dass sich die Angaben zur Organisationsstruktur in ihrer Grundaussage weitgehend mit den Ergebnissen der Mitarbeiterbefragung von Trenczek (2003) decken, auch Angaben innerhalb der Institutionenbefragung zu erfolgten Veränderungen der Organisationsstrukturen weisen auf eine hohe Stabilität hin: Lediglich 18 % aller Jugendhilfen im Strafverfahren haben angegeben, dass es in den letzten fünf Jahren grundlegende Veränderungen ihrer Organisationsstrukturen gegeben hat. Im Vergleich zu organisatorischen Veränderungen im ASD ist dies ein geringer Anteil: Die Hälfte der Allgemeinen Sozialen Dienste beschreibt häufige organisatorische Veränderungen (vgl. Seckinger et al. 2008). Bei der Befragung von Jugendämtern geben sogar zwei Drittel der Jugendämter an, dass es zu Umstrukturierungen kommt (Pluto 2005: 23).

Bei insgesamt sehr wenigen organisatorischen Veränderungen, die die Jugendhilfe im Strafverfahren betreffen, lässt sich am ehesten ein Trend zur (Re-)Spezialisierung (34 %) erkennen. Und auch die Veränderung regionaler Zuschnitte (inklusive Zentralisierung von Aufgaben) (24 %) sowie die Regionalisierung (13 %) werden relativ häufig genannt. Entspezialisierung (12 %) und die Vergabe an Freie Träger (5 %) sind seltener Veränderungen in der Jugendhilfe im Strafverfahren (vgl. Tabelle 4).

**Tabelle 4: Anteil der Jugendgerichtshilfen mit den jeweiligen Veränderungen in den letzten fünf Jahren (n=67)**

| Veränderung | | |
|---|---|---|
| (Re-)spezialisierung | 34 % | Lesehinweis: |
| Regionaler Zuschnitt verändert | 22 % | Von den 67 Jugendämtern |
| Regionalisierung | 13 % | (entspricht 18 %), die von einer |
| Entspezialisierung | 12 % | Umorganisation der Jugendhilfe |
| Personalveränderung | 12 % | im Strafverfahren innerhalb der |
| Vergabe/Delegation an Freie Träger | 5 % | letzten fünf Jahre berichten, |
| Zentralisierung | 2 % | haben 34 % die Aufgabe in |
| Sonstiges | 8 % | einem Spezialdienst gebündelt. |

Quelle: Jugend*gerichts*hilfeb@rometer, DJI 2011

Personalveränderungen werden genannt, wenn sie der Anlass zu einer Umorganisation der Aufgaben der Jugendhilfe im Strafverfahren waren. So kann beispielsweise die Reduzierung von Stellenanteilen für die Jugendgerichtshilfe dazu führen, dass eine Erfüllung der Aufgaben in einer eigenständigen Organisationseinheit nicht mehr sinnvoll ist.

Es lassen sich deutliche statistische Zusammenhänge zwischen einigen Aspekten der Aufgabenerfüllung und der Organisation der Jugendhilfe im Strafverfahren herstellen. So geben die Jugendgerichtshilfen, die als Teil des ASD organisiert sind, deutlich häufiger an, dass es Unstimmigkeiten mit dem Jugendgericht gibt. Dies betrifft Unstimmigkeiten über die Organisationsstruktur der Jugendhilfe im Strafverfahren, die Anwesenheit in der Hauptverhandlung, die Angebotsstruktur der Jugendhilfe und die Berichterstattung (vgl. zu den Unstimmigkeiten detaillierter Kapitel 4). Dies ist möglicherweise darauf zurückzuführen, dass vonseiten der Justiz eine Organisationseinheit gewünscht ist, die sich ausschließlich auf die Aufgaben der Jugendhilfe im Strafverfahren konzentriert. Ein weiterer Zusammenhang zeigt sich hinsichtlich der Arbeitszufriedenheit (vgl. auch Kapitel 3.4). In Jugendhilfen im Strafverfahren, die als eigenständige und spezialisierte Einheiten organisiert sind, ist die Arbeitszufriedenheit signifikant höher. Möglicherweise drückt sich darin aus, dass die Zuständigkeit für sehr viele verschiedene Aufgabenbereiche der Jugendhilfe nicht nur eine wenig zufriedenstellende, sondern auch eine überfordernde Situation darstellt. Dabei scheint eine Überlastung vor allem dann naheliegend, wenn die Aufgaben der Jugendhilfe im Strafverfahren in Konkurrenz zu anderen handlungsrelevanten Themen stehen, wie Inobhutnahmen oder Gefährdungsmeldungen. Möglicherweise ist die höhere Arbeitszufriedenheit in den eigenständigen, spezialisierten Jugendhilfen im Strafverfahren aber auch Ausdruck der Sonderstellung, die sich u. a. aus dem engen Bezug zum Justizsystem speist. Für die Mitarbeiter/innen könnten damit Statusgewinne einhergehen.

Die Jugendgerichtshilfen wurden auch zu einem Blick in die Zukunft aufgefordert. Im Jugend*gerichts*hilfeb@rometer wurde danach gefragt, ob in den nächsten Jahren Veränderungen der Organisationsstruktur geplant sind. Ein hoher Anteil an zustimmenden Jugendgerichtshilfen würde für eine große Dynamik bei der Suche nach der angemessenen Organisationsform sprechen. Die Ergebnisse der Online-Befragung machen aber deutlich, dass nur ein geringer Anteil der Jugendämter davon ausgeht, dass es in absehbarer Zeit zu organisatorischen Veränderungen in der Jugendhilfe im Strafverfahren kommen wird. Lediglich 11 % der befragten Institutionen beabsichtigen eine grundlegende Umstrukturierung, z. B. in Richtung Entspezialisierung, (Re-)Spezialisierung und Regionalisierung bzw. Sozialraumorientierung. Insofern scheint sich auch zukünftig der aus der Rückschau gewonnene Eindruck, dass die Jugendgerichtshilfe relativ wenigen Organisationsveränderungen ausgesetzt ist, fortzuschreiben.

## 3.2  Interne Verteilung der Zuständigkeit

Für die Organisation der Jugendhilfen im Strafverfahren ist zudem von Bedeutung, ob das professionelle Handeln stärker am Einzelfall oder am Sozialraum orientiert ist. Eine am Einzelfall ausgerichtete Soziale Arbeit setzt an den individuellen Ressourcen und Problemen an und bietet darauf bezogene Unterstützungsleistungen. Eine sozialraumorientierte Sozialarbeit richtet ihr Handeln darüber hinaus auch auf Veränderungen der Lebensbedingungen, des Stadtteils und des Quartiers. Diese Veränderungen sollten von den Hilfesuchenden mitgetragen und mitgestaltet werden.

Im Jugend*gerichts*hilfeb@rometer wird zunächst allgemein danach gefragt, ob eine regionale/sozialräumliche Aufteilung in den Jugendämtern besteht. An welchem Konzept von Sozialräumlichkeit sich die einzelnen Jugendämter orientieren, lässt sich daraus nicht ableiten. So kann damit die konzeptionelle Ausrichtung des fachlichen Handelns über den Einzelfall hinaus gemeint sein. Es kann sich jedoch auch auf die organisatorische Zuordnung von Mitarbeiterinnen und Mitarbeitern auf einzelne Sozialräume beziehen, ohne dass damit ein weitergehender methodischer Ansatz verbunden ist.

In 65 % der Jugendämter, insbesondere in den ostdeutschen Bundesländern, existiert eine regionale/sozialräumliche Aufteilung der Zuständigkeiten der Jugendhilfe im Strafverfahren (vgl. Tabelle 5).

**Tabelle 5: Anteil der Jugendgerichtshilfen mit regionaler/sozialräumlicher Aufteilung der Zuständigkeit**

| Aufteilung | Insgesamt | Ost | West |
| --- | --- | --- | --- |
| Regional/sozialräumlich | 65 % | 82 % | 61 % |
| Nicht regional/sozialräumlich | 35 % | 18 % | 39 % |

Quelle: Jugendgerichtshilfeb@rometer, DJI 2011

Zudem haben insbesondere Kreisjugendämter die Jugendhilfe im Strafverfahren regional/sozialräumlich organisiert (79 %). Keine regionale Aufteilung ist vor allem bei den Jugendämtern kreisangehöriger Gemeinden zu finden: Bei über der Hälfte dieser Jugendgerichtshilfen existiert keine regionale Aufteilung der Zuständigkeit. Die Ergebnisse sind wenig überraschend, denn es liegt nahe, dass gerade in Flächenlandkreisen eine regionale Zuständigkeitsverteilung der Jugendgerichtshelfer sinnvoll ist. In Flächenlandkreisen ist es zudem wahrscheinlicher, dass die Jugendgerichtshilfe für mehrere Gerichtsbezirke zuständig ist, was ein weiterer Grund für eine regionale Aufteilung der Zuständigkeit entlang der Gerichtsbezirke sein kann. Hingegen haben Jugendämter kreisangehöriger Gemeinden überproportional häufig genau einen Mitarbeiter oder eine Mitarbeiterin in der Jugendgerichtshilfe, da diese Jugendämter vergleichsweise klein sind (vgl. Kapitel 3.3). Deshalb erscheint eine räumliche Zuständigkeitsaufteilung wenig praktikabel. Der Zusammenhang mit der Größe des Jugendamtes wird auch daran deutlich, dass insbesondere jene Jugendämter eine regionale/sozialräumliche Aufteilung der Jugendhilfe im Strafverfahren haben, die über mehr als fünf Stellen für diese Aufgabe verfügen. Signifikant seltener ist eine regionale/sozialräumliche Aufteilung, wenn die Jugendhilfe im Strafverfahren lediglich mit einem Jugendgericht zusammenarbeitet. Diese Ergebnisse verdeutlichen noch einmal, dass eine regionale Aufteilung noch nicht mit einem sozialräumlichen Ansatz gleichgesetzt werden kann – es kann sich auch lediglich um ein Eingehen auf die unterschiedlichen Voraussetzungen vor Ort handeln.

Fragt man, nach welchen Kriterien die Zuständigkeitsverteilung in den Jugendhilfen im Strafverfahren organisiert wird, so stellt sich Folgendes heraus (vgl. Tabelle 6): Über die Hälfte der Jugendgerichtshilfen teilt die Zuständigkeit der Fachkräfte nach Stadtteilen/Regionen auf. Dies ist signifikant häufiger in Landkreisen der Fall. 22 % der Jugendgerichtshilfen verteilen die Zuständigkeit nach der Adresse der Jugendlichen. Diese Prinzipien der Zuständigkeitsverteilung werden häufig kombiniert. Mehr als die Hälfte derer, die die Adresse als Verteilungsprinzip angibt, entscheidet sich gleichzeitig für die Verteilung nach Regionen/Stadtteilen. Berücksichtigt man weiter, dass 9 % der Jugendgerichtshilfen die Adresse als einzige Form der Zuständigkeitsverteilung angeben, erhöht sich der Anteil derer, die nach regionalen Prinzipien aufteilen, auf 65 % – mehrheitlich erfolgt somit die Zuständigkeitsverteilung nach regionalen Gesichtspunkten. 20 % der Jugendhilfen im Strafverfahren kombinieren zwei oder drei Formen der Zuständigkeitsverteilung.

**Tabelle 6: Zuständigkeitsverteilung der Jugendgerichtshilfe**
**(Anteil der Jugendhilfen im Strafverfahren, Mehrfachnennungen)**

| Zuständigkeitsverteilung | Insgesamt | Kreisfreie Stadt | Landkreis | Kreisangehörige Gemeinde |
|---|---|---|---|---|
| Nach Stadtteilen/Regionen* | 56 % | 49 % | 66 % | 44 % |
| Nach der Adresse | 22 % | 20 % | 25 % | 19 % |
| Nach dem Buchstabenprinzip* | 18 % | 34 % | 8 % | 22 % |
| Nach Arbeitsbelastung* | 12 % | 21 % | 11 % | 7 % |
| Keine Aufteilung* (1 Person zuständig) | 9 % | 2 % | 8 % | 18 % |
| Andere Aufteilung | 4 % | 1 % | 4 % | 7 % |

*Unterschiede signifikant auf 5 % Niveau  Quelle: Jugend*gerichts*hilfeb@rometer, DJI 2011

Eine am Namen der Jugendlichen orientierte Zuständigkeit (Buchstabenprinzip) gibt es bei insgesamt 18 % der Jugendgerichtshilfen. Der Anteil derer, die als alleiniges Prinzip das Buchstabenprinzip anwenden, beträgt 14 %. Diese Form wird insbesondere in kreisfreien Städten angewendet, in Landkreisen signifikant seltener. Die Arbeitsbelastung der einzelnen Fachkraft ist in Städten häufiger ein Kriterium für die Fallverteilung als in Landkreisen. Insgesamt richten sich 12 % der Jugendgerichtshilfen bei der Zuständigkeitsverteilung unter anderem nach der Arbeitsbelastung der einzelnen Mitarbeiter/innen; 6 % beschreiben diese Form der Verteilung als das einzige Prinzip. Die Jugendämter diskutieren im Zuge der

Überprüfung ihrer Strukturen und der Suche nach angemessenen Organisationsstrukturen zurzeit auch die Frage des Falleingangsmanagements und der Fallverteilung. Dies könnte auch zu Veränderungen der Zuständigkeitsverteilung für die Jugendhilfe im Strafverfahren führen.

**Tabelle 7: Zuständigkeitsverteilung der Jugendgerichtshilfe nach Organisationsform (Anteil der Jugendhilfen im Strafverfahren, Mehrfachnennungen)**

| Zuständigkeitsverteilung | JGH eigenständig | JGH im ASD |
|---|---|---|
| Nach Stadtteilen/Regionen | 54 % | 62 % |
| Nach der Adresse* | 15 % | 43 % |
| Nach dem Buchstabenprinzip* | 21 % | 7 % |
| Nach Arbeitsbelastung* | 14 % | 5 % |
| Keine Aufteilung* (nur 1 Person zuständig) | 11 % | 4 % |
| Andere Aufteilung | 5 % | 2 % |

Lesehinweis: In 54 % der Jugendhilfen im Strafverfahren, die als eine eigenständige, spezialisierte Einheit organisiert sind, wird die Zuständigkeit nach Stadtteilen/Regionen verteilt.

*Unterschied signifikant auf 5 % Niveau       Quelle: Jugend*gerichts*hilfeb@rometer, DJI 2011

Gemeinsamkeiten, aber auch einige interessante Unterschiede zeigen sich hinsichtlich der Angaben der Jugendgerichtshilfen differenziert nach ihrer Organisationsform (vgl. Tabelle 7). Eine nach regionalen Gesichtspunkten getroffene Zuständigkeitsverteilung findet sich sowohl in auf Jugendgerichtshilfe spezialisierten Einheiten als auch bei den ASD-integrierten Jugendgerichtshilfen am häufigsten. Der signifikante Unterschied bei der Zuständigkeitsverteilung nach der Adresse weist darauf hin, dass die Jugendhilfe im Strafverfahren, die in den ASD integriert ist, im Prinzip regional organisiert ist. Innerhalb der Regionalisierung kann wiederum nach der Adresse weiter differenziert werden.

Das einzelfallorientierte Buchstabenprinzip sowie eine Zuständigkeitsaufteilung nach Arbeitsbelastung kommen hingegen insbesondere dort zum Einsatz, wo die Jugendgerichtshilfen als eigenständige Einheit organisiert sind. Dies ist auch zu erwarten, da eine Zuständigkeitsverteilung ausschließlich nach dem Buchstabenprinzip im ASD schon seit Langem fast nicht mehr existiert (vgl. Mamier et al. 2002:301).

Zusätzlich wurde abgefragt, ob sich das Prinzip der Zuständigkeitsverteilung der Jugendhilfe im Strafverfahren an der Zuständigkeitsverteilung des Jugendgerichts orientiert, um einen Hinweis darauf zu erhalten, wie sehr die Jugendhilfe im Strafverfahren der Handlungslogik des Jugendgerichtes folgt. Prinzipiell kann es sinnvoll sein, wenn die Zuständigkeitsverteilungen von Jugendgericht und Jugendhilfe aufeinander abgestimmt sind, dies sollte als wechselseitiger Prozess verstanden werden. Gleichzeitig müssen beide Institutionen abwägen, wie weit eine Anpassung möglich ist, ohne den eigenen originären Arbeitsauftrag oder eigene Grundprinzipien zu gefährden. 65 % der Jugendgerichtshilfen verneinen eine Orientierung an der internen Zuständigkeitsverteilung des Jugendgerichts. Dieser Anteil ist in den westlichen Bundesländern signifikant höher. Geben die Jugendhilfen im Strafverfahren eine Orientierung der Zuständigkeitsverteilung am Jugendgericht an, dann erfolgt diese unabhängig von den anderen Formen der Zuständigkeitsverteilung. Etwas häufiger, aber nicht signifikant, nehmen die Jugendgerichtshilfen, die sich am Jugendgericht orientieren, eine Zuordnung der Fälle nach dem Buchstabenprinzip vor. Dies könnte daran liegen, dass die Jugendgerichte auch meist nach dem Buchstabenprinzip arbeiten (vgl. Kapitel 4).

## 3.3 Personalsituation in der Jugendhilfe im Strafverfahren

Die Mitarbeiter/innen der Jugendhilfe im Strafverfahren sind ein zentraler Faktor für die fachliche und problemangemessene Bewältigung der vielfältigen Aufgaben in diesem Arbeitsfeld der Kinder- und Jugendhilfe. Voraussetzung hierfür ist neben fachlich gut qualifiziertem Personal eine ausreichende Personalausstattung, um dem breiten Aufgabenspektrum gerecht zu werden. Insbesondere in Zeiten angespannter öffentlicher Haushaltssituationen steht auch die Personalausstattung unter besonderer Beobachtung, bildet diese doch einen nicht unerheblichen Teil der Gesamtausgaben in den jeweiligen Arbeitsfeldern der Kinder- und Jugendhilfe. Daher steht in diesem Abschnitt die Personalsituation in Jugendgerichtshilfen im Zentrum der Aufmerksamkeit. Es werden sowohl die aktuelle Personalausstattung als auch Entwicklungen, die zu Stellenabbau oder Stellenausbau geführt haben, dokumentiert.

Bevor auf die Personalsituation der Jugendhilfe im Strafverfahren unter verschiedenen Aspekten näher eingegangen wird, setzt sich dieser Abschnitt zunächst mit einer Sonderform der Jugendhilfe im Strafverfahren auseinander: Die Rede ist von den sogenannten Ein-Personen-Jugendgerichtshilfen. In etwa 11 % der Jugendämter werden die Aufgaben der Jugendgerichtshilfe von lediglich einer Person wahrgenommen. Fast alle Ein-Personen-Jugendgerichtshilfen befinden sich in Westdeutschland (96 %). Die Hälfte aller Jugendgerichtshilfen mit genau einer Fachkraft ist in Nordrhein-Westfalen, 18 % in Bayern, 14 % in

Rheinland-Pfalz und 9 % in Niedersachsen; die verbleibenden 9 % finden sich zu gleichen Anteilen in Baden-Württemberg, im Saarland, in Mecklenburg-Vorpommern und in Thüringen. Dass Jugendgerichtshilfen mit ausschließlich einer Fachkraft besonders häufig in Bayern und Nordrhein-Westfalen anzutreffen sind, lässt sich durch strukturelle Besonderheiten dieser Bundesländer erklären: In Nordrhein-Westfalen haben sehr viele kreisangehörige Kommunen von der Möglichkeit Gebrauch gemacht, ein eigenes Jugendamt einzurichten. Diese Jugendämter sind in der Regel sehr klein und insofern erstaunt es nicht, dass für die Aufgaben der Jugendgerichtshilfe nur eine Person zuständig ist. Dieser Zusammenhang findet Bestätigung in den Daten: Über die Hälfte der Ein-Personen-Jugendgerichtshilfen findet man in Jugendämtern kreisangehöriger Gemeinden (Kreisjugendamt: 39 %, Jugendamt kreisfreier Stadt: 9 %). Auch für Bayern lässt sich der Zusammenhang mit der Größe des Jugendamtsbezirkes herstellen: In Bayern gibt es eine Vielzahl von Flächenlandkreisen mit einer geringen Einwohnerzahl und somit auch mit entsprechend geringem Personal(bedarf) für die Jugendgerichtshilfe.

Ein-Personen-Jugendgerichtshilfen sind mit einer Reihe von strukturellen Problemen oder zumindest Herausforderungen bei der fachlichen Umsetzung von § 52 SGB VIII konfrontiert. Diese sollten Anlass geben, sich damit in der Fachdiskussion mehr als bisher auseinanderzusetzen. Auch wenn (individuelle) Bewältigungsstrategien – z. B. durch inhaltliche Schwerpunktsetzungen, verstärkte Netzwerkaktivitäten oder Absprachen mit den Gerichten – einige Schwierigkeiten kompensieren können, bleiben Nachteile wie z. B. fehlende kollegiale Beratung und Vertretung und gefährdete Kontinuität in der Fallbetreuung bestehen und damit als fachliche Herausforderung virulent. Darauf haben auch die Expertengespräche aufmerksam gemacht, die mit Fachkräften aus Ein-Personen-Jugendgerichtshilfen geführt wurden. Mit Blick auf die oft schwierigen Bedingungen im Arbeitsalltag, die hohe Anforderungen an die Kompetenz und das Engagement der dort Tätigen stellen, beschreibt eine Fachkraft einer Ein-Personen-Jugendgerichtshilfe, die Arbeitssituation der anderen so: *„Im Paradies arbeiten kann jeder!"* (Teilnehmerin Expertengespräch, Ein-Personen-JGH). Auf die besondere Arbeitssituation der Mitarbeiter/innen in der Ein-Personen-Jugendgerichtshilfe wird in den nachfolgenden Abschnitten an den Stellen näher eingegangen, an denen sich Unterschiede zu den anderen Jugendgerichtshilfen ergeben.

Insgesamt überrascht, dass in den Fachdebatten die „Ein-Personen-Jugendgerichtshilfen" kein Thema sind. Da in dieser Organisationsform besondere Herausforderungen bewältigen werden müssen, um eine gute Jugendhilfe im Strafverfahren zu gewährleisten, sollten die hier arbeitenden Fachkräfte nach Möglichkeit durch Formen überörtlicher Vernetzung (z. B. durch Fachverbände) unterstützt werden.

Die Befunde des Jugend*gerichts*hilfeb@rometers zur Personalsituation in den Jugendgerichtshilfen zeigen, dass es sich vor allem bei den spezialisierten Jugendgerichtshilfen um mehrheitlich kleine Arbeitseinheiten handelt: Wie in Tabelle 8 veranschaulicht wird, stehen in über der Hälfte der Jugendhilfen im Strafverfahren (51 %) maximal zwei Vollzeitäquivalente (VZÄ)[10] zur Verfügung.

**Tabelle 8: Vollzeitäquivalente (VZÄ) in der Jugendgerichtshilfe nach Organisationstyp**

|  | Insgesamt | JGH eigenständig | JGH im ASD | JGH an Freie Träger delegiert |
|---|---|---|---|---|
| Bis 2 VZÄ | 51 % | 54 % | 43 % | 46 % |
| 3 bis 4 VZÄ | 24 % | 25 % | 23 % | 23 % |
| 5 und mehr VZÄ | 25 % | 22 % | 34 % | 31 % |

Lesehinweis: 54 % der Jugendgerichtshilfen, die als eigenständige JGH organisiert sind, verfügen über bis zu 2 Vollzeitäquivalenten.

Quelle: Jugend*gerichts*hilfeb@rometer, DJI 2011

Vielfach sind in diesen kleinen Arbeitseinheiten Personen auf Teilzeitstellen tätig. Dies wird deutlich, wenn man zusätzlich zu den Vollzeitäquivalenten die Anzahl der beschäftigen Personen betrachtet (vgl. Tabelle 9): In über der Hälfte der Jugendhilfen im Strafverfahren sind maximal bis zu drei Personen beschäftigt, in knapp einem Drittel vier bis acht Personen. Einheiten mit über acht Personen sind eher selten, und es gibt sie vor allem in ASD-integrierten Jugendhilfen im Strafverfahren.

---

10 Das Vollzeitäquivalent (VZÄ) ist eine Kennzahl für die Anzahl der Stellen. Sie dient dazu, Vergleichbarkeit herzustellen. Dabei werden Teilzeitstellen in Vollzeitstellen umgerechnet. So ist beispielsweise einer Jugendgerichtshilfe, in der zwei Personen mit einer ganzen Stelle und eine Person mit einer 50 %-Teilzeitstelle arbeiten, ein Vollzeitäquivalent von 2,5 zugeordnet.

**Tabelle 9: Beschäftigte Personen in der Jugendgerichtshilfe nach Organisationstyp**

|  | Insgesamt | JGH eigenständig | JGH im ASD | JGH an Freie Träger delegiert |
|---|---|---|---|---|
| Bis 3 Personen | 56 % | 63 % | 32 % | 50 % |
| 4 bis 8 Personen | 31 % | 29 % | 35 % | 36 % |
| 9 und mehr Personen | 14 % | 8 % | 33 % | 14 % |

Lesehinweis: In 63 % der eigenständigen Jugendgerichtshilfen, sind bis zu 3 Personen beschäftigt.

Quelle: Jugend*gerichts*hilfeb@rometer, DJI 2011

Bringt man die Befunde zum Personal in Zusammenhang mit der regionalen/sozialräumlichen Aufteilung, so zeigt sich, dass vor allem größere Arbeitseinheiten eine sozialräumliche Aufteilung vornehmen. Am häufigsten haben Jugendämter eine regionale/sozialräumliche Aufteilung, die mehr als fünf Vollzeitäquivalente für die Jugendhilfe im Strafverfahren zur Verfügung haben. Aber selbst bei jenen Jugendämtern, die maximal ein Vollzeitäquivalent für die Jugendhilfe im Strafverfahren zur Verfügung haben, geben 22 % an, dass bei ihnen eine regionale/sozialräumliche Aufteilung der Zuständigkeit besteht. In diesen Fällen arbeitet mehr als eine Person auf dem zur Verfügung stehenden Vollzeitäquivalent.

Analysiert man die Beschäftigtenstruktur in den Jugendgerichtshilfen unter der Geschlechterperspektive, so fällt auf, dass in 54 % der Arbeitseinheiten ausschließlich Mitarbeiterinnen tätig sind, das Arbeitsfeld damit durch Frauen geprägt ist. Insgesamt arbeiten in den befragten Jugendgerichtshilfen 61 % Frauen und 39 % Männer. Im Vergleich mit der Beschäftigtenstruktur in der Kinder- und Jugendhilfe (ohne das Arbeitsfeld Kindertagesbetreuung) ist dies ein eher geringer Anteil an weiblichen Beschäftigten, sind doch im Gesamtarbeitsfeld 70 % aller Tätigen Frauen (vgl. Statistisches Bundesamt 2008). Einen Sonderfall hinsichtlich der Beschäftigtenstruktur bilden die Ein-Personen-Jugendgerichtshilfen: Hier arbeiten zu 73 % Männer.

Ebenfalls auffällig ist, dass im Arbeitsfeld der Jugendhilfe im Strafverfahren wenige Mitarbeiter/innen mit Migrationshintergrund tätig sind: In 85 % der Jugendhilfen im Strafverfahren arbeiten keine Beschäftigten, die über einen Migrationshintergrund verfügen (vgl. hierzu ausführlicher Kap. 6.1). Zudem lassen sich anhand der Ergebnisse des Jugend*gerichts*hilfeb@rometers Hinweise auf die *Stellenentwicklung* in den Arbeitseinheiten im Vergleich von 2006 zu 2009 finden (vgl. Tabelle 10).

**Tabelle 10: Anteil der Jugendgerichtshilfen mit einer Veränderung der Anzahl der Vollzeitäquivalente (VZÄ) von 2006 zu 2009 im Ost-West-Vergleich**

| Vollzeitäquivalente | Insgesamt | Ost | West |
|---|---|---|---|
| ... wurden verringert* | 13 % | 42 % | 8 % |
| ... sind gleich geblieben* | 72 % | 55 % | 75 % |
| ... wurden erhöht | 15 % | 4 % | 17 % |

* Ost-West-Unterschied auf dem 5%-Niveau signifikant

Quelle: Jugendgerichtshilfeb@rometer, DJI 2011

Auch bei der Stellenentwicklung bestätigt sich auf den ersten Blick die hohe Stabilität im Arbeitsfeld Jugendgerichtshilfe: Im Zeitraum von 2006 bis 2009 ist bei der Mehrheit der befragten Jugendgerichtshilfen (72 %) das Stellenvolumen unverändert geblieben. Bei einem Anteil von insgesamt 13 % war ein Stellenabbau und bei 15 % einen Stellenausbau zu verzeichnen.

Fragt man danach, welche Gründe es jeweils für einen Stellenausbau bzw. Stellenabbau gab, so zeigt sich Folgendes: Gab es einen Stellenausbau, so wurde er vor allem mit einem Anstieg der Fallzahlen (57 %), einer strukturellen Umorganisation (27 %) oder der Finanzsituation (10 %) begründet. Als Gründe für einen Stellenabbau wurden in erster Linie die Finanzsituation (41 %), eine strukturelle Umorganisation (33 %) und ein Rückgang der Fallzahlen (22 %) genannt. Interessant ist ein gesonderter Blick auf die Ein-Personen-Jugendgerichtshilfen: Bei mehr als jeder zehnten Ein-Personen-Jugendgerichtshilfe (11 %) ist es in der Zeitspanne von 2006 bis 2009 zu einem Rückgang von mehreren Personen auf den jetzigen Stand von einer Stelle (mit einer Person) gekommen. Angesichts der demografischen Entwicklung in manchen Regionen ist also mittelfristig mit einem zahlenmäßigen Anstieg der Ein-Personen-Jugendgerichtshilfen zu rechnen.

Zwischen ost- und westdeutschen Jugendgerichtshilfen sowie zwischen Jugendgerichtshilfen in kreisfreien Städten, Kreisen und in kreisangehörigen Gemeinden zeigen sich allerdings deutliche Disparitäten. So wird ein Stellenabbau in Ostdeutschland bei Weitem häufiger genannt als im Westen (Ost: 42 %, West: 8 %). Stellen hinzugekommen sind dagegen nur in 4 % der ostdeutschen, aber in immerhin 17 % der westdeutschen Jugendgerichtshilfen. Ein Grund für den Stellenabbau in Ostdeutschland dürfte die demografische Entwicklung sein. Denn alle befragten ostdeutschen Jugendgerichtshilfen befinden sich in Kreisen, in denen die Anzahl der 12- bis unter 21-Jährigen in den letzten Jahren um deutlich mehr als

3 % zurückgegangen ist. Nur gut ein Drittel der westdeutschen Jugendgerichtshilfen war demgegenüber von einem Rückgang bei den 12- bis unter 21-Jährigen von mehr als 3 % betroffen. Immerhin 7 % der westdeutschen Jugendgerichtshilfen liegen in Kreisen, die einen Zuwachs bei dieser Altersgruppe zu verzeichnen haben. Gefragt nach den Gründen für den Stellenabbau nennen viele der betroffenen ostdeutschen Jugendgerichtshilfen dementsprechend den Rückgang des Fallaufkommens, wenige nennen die Kreisgebietsreform als Grund. Vermutlich führt die Kombination aus demografischen Entwicklungen, Veränderungen in den Fallzahlen und Einsparzwängen zu dem deutlich stärkeren Stellenabbau auf kommunaler Ebene bei den ostdeutschen Jugendgerichtshilfen.

Jugendgerichtshilfen in Kreisjugendämtern (21 %) berichten weit häufiger als Jugendgerichtshilfen in Stadtjugendämtern (4 %) über eine Zunahme der Personalausstattung. Verringert wurde die Stellenausstattung dagegen in 14 % der Jugendgerichtshilfen in Kreisen und 22 % der Jugendgerichtshilfen in kreisfreien Städten. Offenbar ist es in einem Fünftel der Kreisjugendämter gelungen, die Stellen in der Jugendgerichtshilfe zu erhöhen, während dies für kaum ein Stadtjugendamt zutrifft. Demografische Entwicklungen liefern keine Erklärung für diesen Befund, denn Städte und Landkreise waren zwischen 2004 und 2008 im Mittel etwa gleich von einem Rückgang oder Zuwachs bei den 12- bis unter 21-Jährigen betroffen. Die Jugendgerichtshilfen selbst haben als Gründe für den Stellenzuwachs vor allem gestiegene Fallzahlen, organisatorische Veränderungen und eine Arbeitsüberlastung der Mitarbeiter/innen, welche z. B. in der Personalbemessung deutlich wurde, angegeben. In den ASD integrierte Jugendgerichtshilfen können darauf verweisen, dass sie von Stellenmehrungen im ASD insgesamt profitiert haben.

## 3 4 Arbeitssituation der Mitarbeiter/innen in den Jugendhilfen im Strafverfahren

Die zunehmende Arbeitsbelastung durch wachsende Anforderungen im Berufsleben trifft auf eine Vielzahl von Arbeitsbereiche zu, so auch auf den sozialen Sektor – und hier insbesondere die Kinder- und Jugendhilfe mit ihren vielfältigen Arbeitsfeldern. Folgen der zunehmenden Arbeitsbelastung und der Wandlungen des Erwerbslebens sind in einem Anstieg der Krankheitstage bei Erwerbstätigen infolge von psychischen und psychosomatischen Erkrankungen zu sehen (vgl. DAK 2010), sodass Erkrankungen wie Angststörungen, Depressionen oder Burn-out vielfach der Status von „neuen Volkskrankheiten" zugesprochen wird. Dass Mitarbeiter/innen in den Arbeitsfeldern der Kinder- und Jugendhilfe Arbeitsbelastungen ausgesetzt sind, die mit vermehrten Krankmeldungen einhergehen, ist empirisch dokumentiert (exemplarisch sei an dieser Stelle auf die ASD-Studie von Seckinger et al. 2008 verwiesen).

Ob aber Mitarbeiter/innen der Jugendhilfe im Strafverfahren mit spezifischen Belastungen in ihrem Arbeitsalltag konfrontiert sind, ist bislang empirisch nicht dokumentiert. An dieser Stelle wird diese Fragestellung aufgegriffen, indem anhand der Indikatoren Fallbelastung, Arbeitszufriedenheit und Überlastungsanzeigen die Arbeitssituation der Mitarbeiter/innen in den Jugendgerichtshilfen beschrieben wird.

### 3.4.1 Arbeitszufriedenheit

Die Aussagen zur Arbeitszufriedenheit müssen vor dem Hintergrund gesehen werden, dass es sich beim Jugend*gerichts*hilfeb@rometer um eine Institutionenbefragung handelt. Tendenziell wird die Bewertung der Arbeitszufriedenheit der Mitarbeiter/innen dabei eher überschätzt, d. h. möglicherweise vom Ausfüllenden des Online-Erhebungsinstruments für die Arbeitseinheit eher zu positiv eingeschätzt. Haben sich die Jugendgerichtshilfen dazu entschlossen, die Arbeitszufriedenheit als gering einzustufen, bedeutet dies im Gegenzug aber auch, dass ein eindeutiger Handlungsbedarf zur Verbesserung der Arbeitssituation signalisiert wird.

Insgesamt gibt es im Arbeitsfeld der Jugendhilfe im Strafverfahren eine hohe Arbeitszufriedenheit: 67 % der Jugendgerichtshilfen haben eine sehr hohe bzw. hohe, 20 % eine mittlere und 13 % eine geringe bzw. sehr geringe Arbeitszufriedenheit. Abbildung 1 veranschaulicht, dass die Angaben zur Arbeitszufriedenheit zwischen den Organisationstypen differieren: So wird die Arbeitszufriedenheit deutlich geringer bewertet, wenn die Jugendgerichtshilfe in den ASD integriert ist.

**Abbildung 1: Anteil der Jugendgerichtshilfen mit geringer, mittlerer und hoher Arbeitszufriedenheit**

- (sehr) gering
- mittel
- (sehr) hoch

| | (sehr) gering | mittel | (sehr) hoch |
|---|---|---|---|
| Gesamtstichprobe | 13% | 20% | 67% |
| Eigenständige Jugendgerichtshilfe | 12% | 16% | 72% |
| ASD-integrierte Jugendgerichtshilfe | 18% | 30% | 51% |

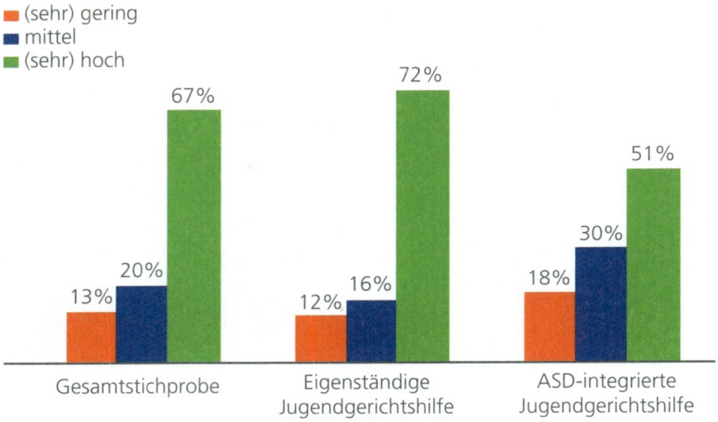

Quelle: Jugendgerichtshilfeb@rometer, DJI 2011

In den Expertengesprächen finden sich Hinweise auf Erklärungen für die nach dem Grad der Spezialisierung differierenden Angaben zur Arbeitszufriedenheit. Offenbar werden die „typischen JGH-Tätigkeiten", die sich aus § 52 SGB VIII ergeben, im Vergleich zu ASD-Tätigkeiten als angenehmer empfunden – eine Einschätzung, die auch im Rahmen des Validierungsworkshops geteilt wurde:

„Das heißt, […] dass die JGH der angenehmere Teil der Arbeit ist im ASD?" „So kam es bei den Mitarbeitern an, ja." „Und dass er aktiv dazu beiträgt, dass dann die Arbeitszufriedenheit im ASD steigt."

(Auszug Validierungsworkshop)

Vergleicht man die Befunde des Jugendgerichtshilfeb@rometers mit denen des Jugendhilfeb@rometers im Hinblick auf die Einschätzungen von Mitarbeiter/innen im ASD zu ihrer Arbeitsbelastung, zeigt sich: Die Arbeit mit Familien in Krisen wird nicht generell als belastend beschrieben. Belastende Faktoren sind vielmehr, dass der Alltag vielfach nur noch aus Krisenfällen besteht und keine Zeit für begleitende und unterstützende Arbeit bleibt. Wenn sich die Lösung der Problemlagen dem Einflussbereich der Mitarbeiter/innen entzieht (z. B. Armut) und Qualifikationen für spezifische Problemlagen fehlen (z. B. im Umgang mit psychisch kranken Eltern), werden Erfolge für die Mitarbeiter/innen nicht sichtbar (Seckinger et al. 2008: 43). Im Vergleich dazu wird die Bewältigung der Aufgaben der Jugendhilfe im Strafverfahren offenbar als „weniger belastend",

„weniger riskant" und „besser kalkulierbar" empfunden. Dabei liegt die Vermutung nahe, dass diese Bewertung, wie sie auch im Rahmen der Expertengespräche geäußert wurde, nicht zuletzt auch mit der öffentlichen Wahrnehmung der Tätigkeit im ASD im Vergleich zur Jugendgerichtshilfe und der Anerkennung für diese Arbeit zu tun hat.

Bei der hohen Arbeitszufriedenheit verwundert es auch nicht, dass die Mitarbeiter/innen selten ihren Arbeitsplatz wechseln: 94 % der Arbeitseinheiten haben die Mitarbeiterfluktuation als (eher) gering eingestuft. Folgende Aussage einer Vertreterin der Fachpraxis illustriert dies:

*„Die Leute, die in die JGH kommen, mit denen werden Sie alt zusammen. Da gibt's kaum Fluktuation. Und wenn, dann können Sie sich freuen, wenn Sie 'ne qualifizierte Bewerbung auf den Tisch kriegen im Austausch."*
(Teilnehmerin Validierungsworkshop)

Zudem weist diese Aussage darauf hin, dass es in diesem Arbeitsfeld nicht einfach ist, geeignete Mitarbeiter/innen zu finden.

### 3.4.2 Überlastungsanzeigen

Ein weiterer Indikator für die Beschreibung der Arbeitssituation der Jugendhilfen im Strafverfahren sind die sogenannten „Überlastungsanzeigen". Bei Überlastungsanzeigen (oder „Rückstandsmeldungen") nach § 15 ff. Arbeitsschutzgesetz (ArbSchG) handelt es sich um schriftlich fixierte Hinweise von einzelnen Mitarbeiter/innen an die Vorgesetzten, dass die übertragenen Aufgaben unter den gegebenen Bedingungen nicht (mehr) zu bewältigen sind und ein Organisationsversagen droht (vgl. Werner 2006). Ursachen hierfür können z. B. in einer nicht bedarfsgerechten Personalausstattung liegen oder darin, dass Fortbildungs- oder Supervisionsmöglichkeiten fehlen. Überlastungsanzeigen sind daher ein wichtiges Signal. Dennoch: Der Entscheidung, eine Überlastung anzuzeigen, gehen in der Regel differenzierte Abwägungsprozesse voraus, da die einzelne Fachkraft vor der Frage steht, ob und welche Auswirkungen eine Überlastungsanzeige für ihr weiteres Berufsleben und auf die Zusammenarbeit mit den Kolleginnen und Kollegen hat. Einerseits werden Überlastungsanzeigen als Ausdruck individueller Überforderung und damit auch individueller Unzulänglichkeiten interpretiert. In diesem Fall haben die Mitarbeiter/innen mit einer schlechteren Beurteilung durch Dienstvorgesetzte zu rechnen, was eventuell Aufstiegschancen behindert und die Möglichkeit für einem internen Stellenwechsel eher einschränkt. Zu befürchten sind auch negative Folgen bei den leistungsorientierten Lohnbestandteilen. Andererseits zwingen Überlastungsanzeigen Vorgesetzte zu einer Reaktion, die bestenfalls zu einer Veränderung der Arbeitssituation und zu einer Entlastung führt. Je nach Betriebsklima kann bereits dieser Abwägungsprozess, ob man sich für eine Überlastungsanzeige entscheiden soll, psychisch belastend sein – dies ist ein weiterer Hinweis darauf, dass Überlastungsanzeigen nicht leichtfertig gestellt werden.

Abbildung 2 dokumentiert zunächst die Angaben zu Überlastungsanzeigen in den Jahren 2007 bis Mitte 2009. Der Fokus ist dabei auf die beiden Organisationstypen gerichtet, in denen überdurchschnittlich viele Überlastungsanzeigen gestellt wurden – auf die ASD-integrierten Jugendgerichtshilfen und die Ein-Personen-Jugendgerichtshilfen.

**Abbildung 2: Anteil der Jugendgerichtshilfen mit Überlastungsanzeigen nach Organisationsform**

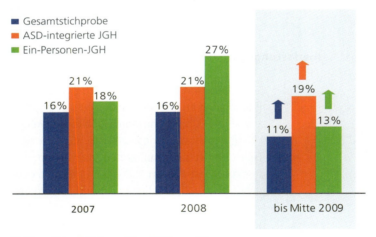

2007: n=54    2008: n= 56    2009: n= 37

Quelle: Jugendgerichtshilfeb@rometer, DJI 2011

In 16 % der Organisationseinheiten wurden jeweils in den Jahren 2007 und 2008 Überlastungsanzeigen gestellt, wobei die ASD-integrierten Jugendgerichtshilfen und im Jahr 2008 vor allem die Ein-Personen-Jugendgerichtshilfen deutlich stärker betroffen sind (27 %). Die Angaben bis Mitte 2009 deuten darauf hin, dass diese Entwicklung anhalten wird. Die Zahlen lassen sogar eine weitere Zunahme von Überlastungsanzeigen vor allem bei den ASD-integrierten Jugendgerichtshilfen erwarten.

Die höhere Belastung der ASD-integrierten Jugendgerichtshilfen lässt sich möglicherweise erklären durch das breitere Aufgabenspektrum oder durch einen hohen Anteil von Kinderschutzfällen, die zu bearbeiten sind. Denkbar ist hier jedoch auch, dass die Meldung von Überlastungsanzeigen mit einer gewissen „Hauskultur" zusammenhängt. Dies wiederum bedeutet, dass es auch Überlastung geben kann, ohne dass diese formal angezeigt wird.

*„Das hat ganz viel mit der Hauskultur zu tun. (...) Wir zum Beispiel haben immer auf 'ne absehbare Arbeitsverdichtungszeit so reagiert, dass wir die Standards runter gefahren haben und sofort alle Kooperationspartner informiert, weil ich die Kollegen da auch raushalten wollte, dass die schwitzen, ne, sozusagen, die am Ersten ihren Schreibtisch nicht mehr wieder finden, dann in so 'ne Überlastungsanzeige gedrängt werden, obwohl personelle Entscheidungen im Haus oder 'ne Langzeiterkrankung im Grunde alle unter Druck bringt."*

(Teilnehmerin Validierungsworkshop)

Im Vergleich zu den Allgemeinen Sozialen Diensten kommen im Bereich der Jugendhilfe im Strafverfahren Überlastungsanzeigen relativ selten vor (63 % aller ASD im Zeitraum von Januar 2004 bis Juni 2007; vgl. Seckinger et al., 2008: 34; 40ff.). Dies ist angesichts der hohen Arbeitszufriedenheit bei der Jugendgerichtshilfe wenig überraschend. Dennoch ist zu betonen, dass jede einzelne Überlastungsanzeige ein Anlass ist, die Arbeitssituation in der Jugendgerichtshilfe zu überprüfen. Sie ist ein Hinweis auf mögliche personelle Unterausstattung, auf Fortbildungsbedarfe und erfordert die Überprüfung organisatorischer Abläufe. Dies gilt umso mehr, als es bei den Mitarbeiter/innen der Jugendgerichtshilfe eine Distanz zu dieser Form der Problemanzeige gibt.

**Fallbelastung**

„Der Fall" erfährt in den Handlungsfeldern der Kinder- und Jugendhilfe seit Jahren große Aufmerksamkeit. Dabei fällt zunächst einmal die begriffliche Vielfalt auf: Die Rede ist von Fallbelastung, Fallstatistik, Fallaufkommen, Fallzahlen etc. (vgl. Lüttringhaus 2010). Eine besondere Brisanz hat die Diskussion um Fallaufkommen und individuelle Fallbelastung vor dem Hintergrund der derzeit geführten Debatten um Steuerung, resp. Personalbedarfsbemessung und Kosteneinsparungen entfaltet.

Speziell für die Jugendgerichtshilfen finden sich in der Literatur vergleichsweise wenig Angaben zur tatsächlichen oder wünschenswerten

Fallbelastung. In den achtziger Jahren – also noch vor der Einführung des SGB VIII – wurde von der KGSt eine durchschnittliche Fallbelastung (pro Vollzeitstelle) von 188 abgeschlossenen Verfahren genannt. Mitte der neunziger Jahre wird diese Zahl von Klier, Brehmer und Zinke (1995: 179) als „völlig überholt" und zu hoch kritisiert.

Dabei verweist das Thema „Fallbelastung" nicht zuletzt vor dem Hintergrund der Frage, wie viele Fälle im Arbeitsalltag (gerade noch) bearbeitbar sind, nicht nur in der Fachdiskussion der Jugendhilfen im Strafverfahren auf einige ungelöste Probleme: Abgesehen davon, dass eine Sichtweise, die eng auf Fallerfassung fokussiert ist, nur schwer mit Fachkonzepten der Ressourcen-, Lösungs- und Sozialraumorientierung (Lüttringhaus 2010: 317) vereinbar ist, verkennen die Forderungen nach Richtlinien oder Maßzahlen, dass es auf die Fragen „Was ist ein Fall?", bzw. „Wie wird korrekt gezählt?" keine eindeutigen Antworten gibt. Auch in den Jugendgerichtshilfen gibt es eine Vielzahl von Falldefinitionen und Interpretationen und unterschiedliche Arbeitsteilungen zwischen dem öffentlichen Träger und den Freien Trägern vor Ort. So ist die Bestimmung des Fallaufkommens für eine einzelne Jugendgerichtshilfe zwar durchaus noch möglich, ein Vergleich verschiedener Jugendgerichtshilfen sowie eine Bewertung des Fallaufkommens und der Fallbelastungen einzelner Fachkräfte (im Sinne von Arbeitsbelastung) ist jedoch mit so vielen Einschränkungen verbunden, dass Schlussfolgerungen mit Blick auf eine fachliche Einordnung nur sehr bedingt möglich sind (vgl. auch Trenczek 2003: 69). Der rein quantitative Blick auf die Fallbelastung verstellt zudem den Blick auf die Bearbeitungstiefe. Wie viel Arbeitszeit ein durchschnittlicher Fall benötigt, wenn er nach fachlichen Standards bearbeitet werden soll, wurde 2010 im Rahmen einer Personalbemessungsstudie vom Bayerischen Landesjugendamt erhoben. Dazu wurde der Kernprozess „Mitwirkung in Verfahren nach dem JGG" in die Teilprozesse Meldung, Erstgespräch, U-Haftvermeidung, Beratung und Begleitung, Haftbegleitung und Begleitung von Auflagen aufgeteilt und so ein Arbeitszeitbedarf von 445 bis 915 Minuten (je nachdem, ob U-Haftvermeidung- und/oder Haftbegleitung notwendig ist) errechnet (Zentrum Bayern Familie und Soziales – Bayerisches Landesjugendamt 2010: 95ff.). Hinzu kommen neben der Zeit für den Kernprozess noch zusätzliche System- und Rüstzeiten (ebd. 103ff.). Weiterhin müssen die von den örtlichen Begebenheiten abhängigen – oft erheblichen – Fahrzeiten hinzu addiert werden (ebd. 24).

Aufgrund des allgemeinen Interesses am Thema „Fallbelastung" hat das Jugendgerichtshilfeb@rometer hierzu dennoch einige Angaben erhoben, die, mit dem Hinweis auf die zum Teil eingeschränkte Vergleichbarkeit, dargestellt werden sollen.

Von grundlegendem Interesse ist zunächst die Frage nach der Bezugsgröße. Es wurde deshalb danach gefragt, ob sich die Jugendhilfen im Strafverfahren auf die Anzahl der Jugendlichen oder auf die Anzahl der Fälle – wodurch also einzelne Jugendliche eventuell öfter als einmal gezählt werden – beziehen und wie ein „Fall" definiert wird. 18 % der Jugendhilfen im Strafverfahren rekurrieren auf die Anzahl der Jugendlichen, die aktenkundig werden, und zwar in den Jugendgerichtshilfen, die in den ASD integriert sind häufiger als in den spezialisierten Organisationseinheiten. Die überwiegende Mehrheit der Jugendhilfen im Strafverfahren (82 %) bezieht sich also auf die Anzahl der Fälle, d. h., es werden einzelne Jugendliche evtl. mehr als einmal gezählt. Die Daten zeigen weiter, dass hierbei unterschiedliche Falldefinitionen zum Tragen kommen. So können Fallerfassungen z. B. nach der Anzahl der polizeilichen Meldung, der Anzahl der Anklagen, der Anzahl der gerichtlichen Verfahren oder auch nach der Anzahl der Akten erfolgen. Aufgrund dieser vorgefunden „Definitionsvielfalt" sowie den damit einhergehenden unterschiedlichen Bearbeitungstiefen sind die nun nachfolgenden vergleichenden Angaben zur „Fallbelastung" im Blick auf ihre fachliche Einordnung (z. B. zur Personalbemessung) nur sehr eingeschränkt verwertbar.

Die Spannbreite für die Fallbelastung pro Vollzeitäquivalent, die die Jugendgerichtshilfen auf der Grundlage ihrer Definitionen angeben, variiert sehr stark: Die geringste Fallbelastung (einer in den ASD integrierten Jugendgerichtshilfe) beträgt 25 Fälle pro Vollzeitäquivalent, der Durchschnitt liegt bei knapp 300 Fällen und die höchste Fallbelastung beträgt 1071 Fälle pro Vollzeitäquivalent (bei einer Ein-Personen-Jugendgerichtshilfe). Gründe für diese starke Streuung dürften neben der unterschiedlichen Personalausstattung unter anderem in einer unterschiedlichen Bearbeitungstiefe liegen sowie in regional unterschiedlichen Praxen der Gerichte, ab welcher Schwere der Delikte ein Hauptverfahren eingeleitet wird.

Bei der Hälfte (Median) der Jugendhilfen im Strafverfahren sind pro Vollzeitäquivalent mehr als 271 Fälle zu bearbeiten. Die durchschnittliche Fallzahl beträgt 299 Fälle, wobei es nur geringe, nicht signifikante Unterschiede zwischen den verschiedenen Organisationstypen bzw. zwischen Ost- und Westdeutschland gibt (vgl. Abbildung 3).

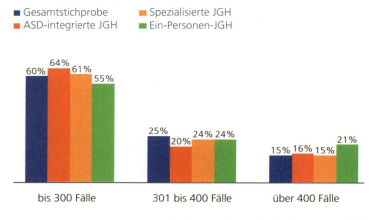

Abbildung 3: Fallbelastung der Jugendgerichtshilfen – pro Vollzeitäquivalent im Jahr 2008

Quelle: Jugend*gerichts*hilfeb@rometer, DJI 2011

Wie bereits beschrieben, ist eine fachliche Bewertung der Arbeitsbelastung alleine aus den reinen Fallzahlen nicht möglich – dies wurde auch von Teilnehmenden des Validierungsworkshops so gesehen:

*„Ich wollte einfach auch noch mal sagen, dass die reinen Fallzahlen eigentlich nicht viel aussagen, dass man viel differenzierter gucken muss, um wirklich 'ne Arbeitsbelastung daraus abzuleiten."*

(Teilnehmer Validierungsworkshop)

## 3.5 Zwischenfazit

Die Befunde des Jugend*gerichts*hilfeb@rometers zeigen, dass die Jugendhilfe im Strafverfahren überwiegend als eigenständige spezialisierte Einheit organisiert ist. Der vielfach befürchtete, vereinzelt auch gewünschte Trend zur Entspezialisierung hat nicht eingesetzt (z. B. Trenczek 2010: 389ff.). Im Vergleich zu anderen Bereichen der Kinder- und Jugendhilfe ist die Veränderungsdynamik eher gering. Die fachliche Herausforderung für die Jugendämter besteht darin, die Aufgaben der Jugendhilfe im Strafverfahren organisatorisch so auszugestalten, dass sie angemessen erfüllt werden können. Die Antwort muss sich nicht nur nach den regionalen Gegebenheiten richten, beispielsweise der Größe des Jugendamtsbezirkes (und somit der Möglichkeit, eigenständige organisatorische Einheiten zu bilden), der räumlichen Struktur oder der sozialen

Belastungen der Adressaten, sondern auch nach dem Selbstverständnis der Kinder- und Jugendhilfe. Zu klären ist weiterhin, welcher Anteil der Arbeitszeit für die Aufgaben der Jugendhilfe im Strafverfahren mindestens gegeben sein muss, um entsprechende Fachkenntnisse ausbilden zu können, ohne dass es zu einer Überforderung der Mitarbeiter/innen führt und so die Aufgabenerfüllung wiederum infrage gestellt wird.

Die Ergebnisse des Jugend*gerichts*hilfeb@rometers zur Personal- und Arbeitssituation weisen darauf hin, dass es sich bei der Mehrheit der Arbeitseinheiten in der Jugendgerichtshilfe um kleine Organisationsformen mit geringer Beschäftigtenzahl handelt. Bislang in der Fachdiskussion nicht diskutiert sind die besonderen Rahmenbedingungen und Herausforderungen, vor denen insbesondere die Ein-Personen-Jugendgerichtshilfen stehen (z. B. Kooperation, Vertretungsregelungen im Krankheitsfall).

Insgesamt sind die Jugendhilfen im Strafverfahren von einer hohen Konstanz geprägt: Es gibt wenig Bestrebungen, die Organisation zu verändern, das Stellenvolumen ist in der Mehrzahl der befragten Jugendhilfen im Strafverfahren auf konstantem Niveau geblieben, auch gibt es nur eine geringe Fluktuation von Mitarbeitern und Mitarbeiterinnen. Im Vergleich zu anderen Arbeitseinheiten im Jugendamt wird von einem moderaten Ausmaß an vorliegenden Überlastungsanzeigen berichtet. Insofern erstaunt es nicht, dass die Arbeitsplatzzufriedenheit der Mitarbeitenden in diesem Arbeitsfeld der Kinder- und Jugendhilfe auch entsprechend hoch ist. Nichtsdestotrotz fällt auf, dass die Arbeitszufriedenheit nicht in allen Organisationsformen der Jugendgerichtshilfe gleich gut ist. Vor allem die ASD-integrierten Jugendgerichtshilfen schneiden im Vergleich zu den Spezialdiensten in den untersuchten Parametern von Arbeitsüberlastung (Überlastungsanzeigen, Arbeitszufriedenheit) deutlich schlechter ab.

Die Angaben zur Fallbelastung der Mitarbeiter/innen in der Jugendgerichtshilfe variieren stark und sind zudem von einer hohen definitorischen Vielfalt geprägt. Unabhängig von der Organisationsform der jeweiligen Jugendhilfe im Strafverfahren hat die Hälfte der Jugendgerichtshilfen eine Fallbelastung von bis zu 271 Fällen pro Vollzeitäquivalent – die andere Hälfte liegt, zum Teil erheblich, über diesem Wert.

# 4 Kooperation der Jugendhilfe im Strafverfahren mit anderen Institutionen

Die Jugendhilfe im Strafverfahren kann ihren Auftrag nur erfüllen, wenn sie mit Akteuren aus der Justiz und der Kinder- und Jugendhilfe zusammenarbeitet. Sie ist die Schnittstelle zwischen diesen Institutionen. Insbesondere die Adressaten der Jugendhilfe im Strafverfahren sind darauf angewiesen, dass potenzielle Konkurrenzen, Kommunikationsstörungen oder Kooperationsschwierigkeiten zwischen den Institutionen nicht zu ihrem Nachteil ausgetragen werden. Über die Notwendigkeit zu kooperieren besteht bei allen Beteiligten ein großer Konsens, der allerdings oftmals die sich im Detail doch häufig unterscheidenden und zum Teil auch widersprechenden Vorstellungen davon, was denn eine gelingende Kooperation sei, eher verdeckt (Breymann 2009: 201). Kooperationen zwischen Institutionen stellen eine überaus komplexe Aufgabe dar (vgl. Santen/Seckinger 2005). Für ihr Gelingen ist die Beachtung einiger Grundprinzipien, wie einen respektvollen Umgang pflegen, den Kooperationspartnern Vertrauen entgegen bringen, die Handlungslogik der anderen nachvollziehen, Bereitschaft zum Perspektivwechsel, Darlegung des eigenen Auftrags und der eigenen Ziele und Interessen, erforderlich (ausführlich hierzu Santen/Seckinger 2003).

Von den an Kooperationen Beteiligten werden vielfach Vorbehalte und Kooperationshindernisse geäußert, die meist eher den Status von lieb gewonnenen Vorurteilen als von empirischen Tatsachen haben. Typische Zuschreibungen vonseiten der Jugendhilfe im Strafverfahren sind: Die Polizei bzw. die Staatsanwaltschaft informiere zu spät, das Jugendgericht terminiere schlecht und greife die Vorschläge der Jugendhilfe im Strafverfahren nur selten auf, auch wechsele das Personal vor allem bei der Staatsanwaltschaft zu häufig (vgl. auch Helmken 2009). Vonseiten der Justiz wird dagegen Folgendes als eine Kooperation behindernde Erfahrung berichtet: Die Jugendhilfe im Strafverfahren erscheine selten bei der Hauptverhandlung oder schicke Gerichtsgeher, sie mache unverhältnismäßige Vorschläge oder sei nicht ausreichend vorbereitet und häufig fehle es an notwendigem Spezialwissen. Hieran scheint sich in den letzten Jahren wenig geändert zu haben. Auf dem Validierungsworkshop (vgl. Kapitel 2) formuliert eine Mitarbeiterin ihre Enttäuschung hinsichtlich eines Kooperationspartners so:

*"Also, wir haben zum Beispiel große Probleme mit der Staatsanwaltschaft, natürlich, es hat ja auch einen hohen Wert, permanent [zu] kooperieren. Aber unsere Staatsanwaltschaft macht bei Weitem nicht – gerade im*

*präventiven Bereich – was wünschenswert wäre. Und da kommen wir nicht, da kommt auch die vorgesetzte Behörde nicht ran. Die verabschieden sich da raus und basta."*

(Teilnehmerin Validierungsworkshop)

An diesem Zitat wird deutlich, dass Kooperationen als nicht funktionierend beschrieben werden, wenn der Kooperationspartner nicht gemäß den eigenen Wünschen handelt. Kooperation wird also auch von ihrem Ergebnis her bewertet. Die Vorstellung gut kooperiert zu haben und trotzdem keine Einigkeit erzielt zu haben, erscheint vielen in der Praxis fremd. Vor diesem Hintergrund wurde im Jugend*gerichts*hilfeb@rometer danach gefragt, wie sich Kooperation aus Sicht der befragten Jugendgerichtshilfen darstellt und wie die Zusammenarbeit mit den unterschiedlichen Verfahrensbeteiligten bewertet wird, respektive in welchen Bereichen auch Unstimmigkeiten auftreten. Im Mittelpunkt stehen dabei die Kooperationsbeziehungen mit dem Jugendgericht.

## 4.1 Kooperation mit den Jugendgerichten

Die Mehrzahl der Jugendämter (63 %) (vgl. Tabelle 11) kooperiert mit mehr als einem Jugendgericht; nur ein gutes Drittel kann sich auf ein einziges Jugendgericht konzentrieren. Dieser Befund ist angesichts des Zuschnitts der Gerichtsbezirke, der sich nicht an den Grenzen der Landkreise und kreisfreien Städte orientiert, wenig überraschend. Zugleich wird daran auch deutlich, wie herausfordernd die Gestaltung von Kooperationsbeziehungen zwischen Jugendhilfe und Justiz ist, denn je größer die Anzahl der Kooperationspartner, desto größer ist auch der damit verbundene Aufwand.

**Tabelle 11: Kooperationen zwischen Jugendämtern und Jugendgerichten**

| Kooperation zwischen Jugendamt und … | Anteil der Jugendämter |
|---|---|
| … einem Jugendgericht | 37 % |
| … zwei Jugendgerichten | 29 % |
| … drei Jugendgerichten | 19 % |
| … vier bis zehn Jugendgerichten | 15 % |

Quelle: Jugend*gerichts*hilfeb@rometer, DJI 2011

Wie Tabelle 11 zeigt, kooperieren 29 % der Jugendämter mit zwei Jugendgerichten, 19 % mit drei und 15 % arbeiten mit vier bis zehn

Jugendgerichten zusammen. Mit unterschiedlichen Jugendgerichten zu kooperieren, kann auch bedeuten, mit unterschiedlichen Staatsanwaltschaften (die wiederum eigene Zuständigkeitszuschnitte haben) zusammenzuarbeiten. Insofern können sich in diesen Fällen der Aufwand und die Komplexität zusätzlich erhöhen. In Landkreisen müssen signifikant mehr Jugendämter mit mehreren Jugendgerichten zusammenarbeiten (75 %), womit sich die besonderen Anforderungen an die Mitarbeiter/innen der Jugendhilfe im Strafverfahren in diesen Kreisen zusätzlich erhöhen.

Entgegen den zu Beginn dieses Kapitels referierten, öffentlich geäußerten negativen Kooperationserwartungen, wird die Zusammenarbeit im Durchschnitt positiv bewertet. Die Zusammenarbeit mit den Jugendgerichten wird von der Jugendhilfe im Strafverfahren überwiegend mit „gut" oder „sehr gut" bewertet (vgl. Abbildung 4). Trenczek (2003) kommt in seiner Befragung von Mitarbeitern und Mitarbeiterinnen der Jugendhilfe im Strafverfahren zu einer ähnlichen, wenn auch tendenziell etwas schlechteren Bewertung (1,5 auf einer siebenstufigen Skala von -3 bis +3; Trenczek 2003: 148).

**Abbildung 4: Bewertung der Zusammenarbeit der Jugendgerichtshilfen mit den Jugendgerichten (nach Schulnoten)**

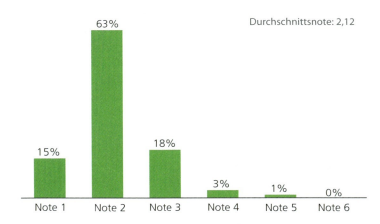

Quelle: Jugend*gerichts*hilfeb@rometer, DJI 2011

Die Jugendgerichte werden im Vergleich zu anderen Kooperationspartnern der Jugendhilfe im Strafverfahren positiver bewertet (vgl. Kapitel 4.2). Die Bewertung der Zusammenarbeit unterscheidet sich nicht zwischen Kreis- und Stadtjugendämtern und ist auch nicht abhängig von der Anzahl der Jugendgerichte, mit denen kooperiert wird[11]. Ist die Aufgabe der Jugendhilfe im Strafverfahren in den ASD integriert, so fällt die Bewertung signifikant schlechter aus, auch wenn sie mit einem Durchschnittswert von 2,3 noch immer positiv ist. Eine mögliche Erklärung für diesen Befund ist, dass bei einer Integration der Jugendhilfe im Strafverfahren in den ASD die einzelne Fachkraft weniger häufig mit dem Jugendgericht zusammenarbeitet. Dies wirkt sich negativ auf die Bewertung der Kooperation aus, denn es zeigt sich auch in anderen Studien zu Kooperationszusammenhängen in der Kinder- und Jugendhilfe: je regelmäßiger eine Zusammenarbeit gegeben ist, desto besser fällt die Bewertung aus (vgl. Santen/Seckinger 2003; Pluto et al. 2007).

Die Jugendgerichtshilfen im Strafverfahren wurden gebeten einzuschätzen, wie sehr die in Abbildung 5 aufgelisteten Aussagen über die Kooperation mit Jugendgerichten auf ihre jeweilige Situation zutreffen. Von den allermeisten (84 %) der Jugendgerichtshilfen wurde der Aussage zugestimmt, dass informelle Kontakte zum Jugendgericht bestehen. Die Hälfte dieser Gruppe stimmt der Aussage sogar ohne jede Einschränkung („voll") zu. Man kann dieses Ergebnis als einen Indikator für eine gute Beurteilung der Kooperationsbeziehung werten, denn die meisten Fachkräfte beschreiben Kooperation dann als gut, wenn die persönliche Beziehung zu dem Kooperationspartner als positiv empfunden wird. Dies spiegelt sich – wenig überraschend – auch in der Beurteilung der Kooperation in Noten wieder: Die Jugendhilfen im Strafverfahren, die der Aussage, es bestünden informelle Kontakte zum Jugendgericht, uneingeschränkt zustimmen, bewerten die Kooperation signifikant besser.[12] Wenig überraschend ist vor diesem Hintergrund, dass das Item „Die Jugendrichter/innen wechseln so schnell, dass man mit ihnen keine verlässlichen Kooperationsbeziehungen aufbauen kann" am wenigsten Zustimmung erhält. Womit sich schon eine der negativen Zuschreibungen als empirisch nicht haltbar erweist.

Der personelle Wechsel von Jugendrichtern und Jugendrichterinnen ist offenbar nur selten ein Kooperationsproblem, dies muss allerdings nicht gleichermaßen für die Vertreter/innen der Staatsanwaltschaft gelten; hier wird immer wieder eine hohe Fluktuation und nicht ausreichende erzieherische Befähigung und Erfahrung beklagt.

---

11  Wenn Jugendgerichtshilfen mit mehr als einem Jugendgericht zusammenarbeiten, sollten sie sich auf das Jugendgericht beziehen, mit dem sie am meisten zusammenarbeiten.

12  Durchschnittliche Bewertung der Kooperation bei völliger Zustimmung 1,82, gegenüber 2,31 bei eingeschränkter Zustimmung, 2,44 bei einer tendenziellen Ablehnung dieser Aussage und 2,82 bei völliger Ablehnung.

**Abbildung 5: Angaben der Jugendhilfe im Strafverfahren zur Kooperation mit dem Jugendgericht**

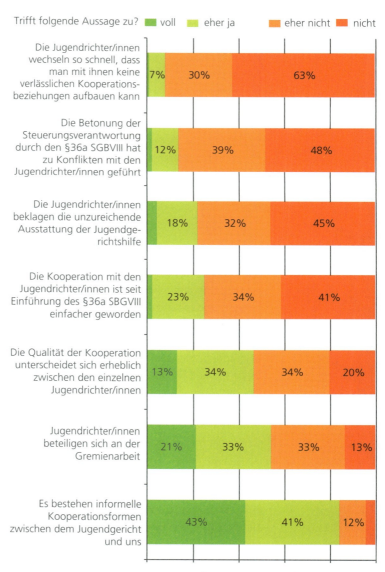

Quelle: Jugendgerichtshilfeb@rometer, DJI 2011

Dass Personalwechsel zu Problemen in der Kooperation führen kann, illustriert folgendes Zitat aus einem Gespräch mit einer Fachkraft:

„Also [...] es hängt immer von den Personen ab, die vor Ort auch agieren. Also fällt eine der Personen weg durch vielleicht neue Strukturen oder wenn jemand in Ruhestand geht oder der sich woanders orientiert, dann ist das äußerst schwierig, diese Vernetzungen dann aufrecht zu erhalten. Also wenn's [...] keinen Nachfolger gibt, der das dann automatisch mit übernimmt."

(Teilnehmer Validierungsworkshop)

In etwas mehr als der Hälfte der Jugendamtsbezirke (54 %) beteiligen sich Jugendrichter/innen an Gremien der Jugendhilfe im Strafverfahren. Ihnen wird also auch vonseiten der Jugendhilfe im Strafverfahren zumindest ein gewisses Engagement über den Einzelfall hinaus zugeschrieben. Aber immerhin in ungefähr jedem achten Jugendamtsbezirk wird die Aussage „Jugendrichter beteiligen sich in Gremien" völlig abgelehnt. Dort besteht eindeutig ein erheblicher Verbesserungsbedarf.

Die Befunde des Jugend*gerichts*hilfeb@rometers geben keine eindeutigen Hinweise darauf, inwiefern die Qualität der Kooperationsbeziehungen zu den Jugendgerichten von der Person des Richters bzw. der Richterin abhängig ist. Hier gibt es unterschiedliche Bewertungen: Die eine Hälfte der Jugendgerichtshilfen sieht Qualitätsunterschiede in der Kooperation, je nachdem mit welchem Jugendrichter bzw. welcher Jugendrichterin man es zu tun hat. Die andere Hälfte kann solche Unterschiede nicht erkennen. Werden Aufgaben der Jugendhilfe im Strafverfahren an Freie Träger übertragen, so sinkt die Zustimmung zu dieser Aussage auf ein Drittel ab. Die größere Ferne zu den Jugendrichterinnen und Jugendrichtern scheint zu einer vorsichtigen Beurteilung individueller Unterschiede zu führen.

Anders als zahlreiche kontroverse Veröffentlichungen und Fachdebatten (vgl. z. B. Goerdeler 2006) es hätten vermuten lassen, stellt die Einführung des § 36a SGB VIII zum Befragungszeitpunkt keine große Belastung für die Zusammenarbeit dar. Der § 36a SGB VIII betont die Steuerungsverantwortung der Kinder- und Jugendhilfe, d. h. die Jugendhilfe kann selbständig über die Hilfegewährung entscheiden, auch wenn Jugendliche durch den Jugendrichter zur Inanspruchnahme einer Hilfe verpflichtet werden. Die Hoffnungen und Befürchtungen, die mit der Einführung des § 36a SGB VIII verknüpft werden, spiegeln sich nur schwach in den Antworten der Befragten wider. So ist nur für ein Viertel die Kooperation mit den Jugendrichtern und Jugendrichterinnen seit der Einführung des

§ 36a SGB VIII einfacher geworden. Dies wird in dem Validierungsworkshop als ein wenig überraschendes Ergebnis eingeordnet:

„Kooperation ist seit Einführung [von § 36a SGB VIII, die Verfasser/innen] einfacher geworden: Also, die ist einfach nicht schwieriger geworden. [...] Das spielt gar keine Rolle. Da, wo das funktioniert hat vorher, wo das Jugendgericht sich niemals hätte einfallen lassen, ohne Zustimmung des Jugendamtes 'ne kostenträchtige Maßnahme anzuordnen oder auszuurteilen, das gab's bei uns gar nicht. Und von daher – das passt ja wunderbar zusammen mit der konfliktfreien Geschichte [...]. Also so würde ich das für uns unterschreiben können."

(Teilnehmer Validierungsworkshop)

Noch weniger Jugendgerichtshilfen berichten von Konflikten mit Jugendrichtern und Jugendrichterinnen aufgrund der Gesetzesänderung (14 %). Signifikante Unterschiede zeigen sich zwischen Jugendgerichtshilfen, die als eigenständige und spezialisierte Organisationseinheit bestehen, und solchen, die Teil des Allgemeinen Sozialen Dienstes sind. In den ASD integrierte Jugendgerichtshilfen geben signifikant häufiger an (22 % gegenüber 10 % bei den eigenständigen Jugendgerichtshilfen), dass die Betonung der Steuerungsverantwortung durch den § 36a SGB VIII zu Konflikten mit Jugendrichterinnen und Jugendrichtern geführt hat. Gleichzeitig wurde von den Fachkräften auf unseren Workshops aber auch die Befürchtung geäußert, dass Konflikte zukünftig aufgrund der Finanzsituation vermehrt auftreten könnten und sich die Folgen des § 36a SGB VIII erst in der Zukunft zeigen werden.

Etwas mehr als ein Fünftel der Jugendhilfen im Strafverfahren (22 %) berichtet von Beschwerden seitens der Jugendgerichte bezüglich der Ausstattung der Jugendgerichtshilfe. Dieser Wert erscheint vor dem Hintergrund der zum Teil aufgeregten Diskussion über die unzureichenden Handlungsmöglichkeiten der Kinder- und Jugendhilfe (weil z. B. alle Plätze in sozialen Trainingskursen besetzt sind oder bestimmte Angebote nicht vorgehalten werden) überraschend niedrig.

Auch die zwischen Justiz und Jugendhilfe differierenden Arbeitsweisen und Handlungsstrategien kommen als Gründe für eine Unzufriedenheit seitens der Jugendgerichte in Betracht. Möglicherweise erwarten Jugendgerichte, insbesondere seit in der öffentlichen Diskussion eine schnelle Reaktion auf jugendliche Delinquenz als pädagogisch notwendig gefordert wird, eine unmittelbare Umsetzung ihrer Entscheidung. Die strukturierten Abläufe in der Kinder- und Jugendhilfe wiederum sind nicht beliebig zu beschleunigen, was dazu führen könnte, dass den Gerichten Maßnahmen, für die ein Hilfeplan notwendig ist, als zu träge erscheinen. So vergeht beispielsweise zwischen dem Bekanntwerden eines Hilfebedarfs und der Erstellung eines Hilfeplans viel Zeit. Durchschnittlich sind dies sechs Wochen bis zu dem Beginn einer Hilfe, inklusive der Zeit für die Erstellung eines Hilfeplans (vgl. Gadow et al. 2011). Diese Abläufe in der Kinder- und Jugendhilfe scheinen aber kein Grund für eine besondere Unzufriedenheit aufseiten der Jugendgerichte zu sein. Zumindest berichten nur 4 % der für die Jugendhilfe im Strafverfahren zuständigen Stellen von solchen Beschwerden. Das dürfte auch daran liegen, dass für zeitlich auf weniger als sechs Monate beschränkte ambulante Maßnahmen kein Hilfeplan erstellt wird. Signifikant noch seltener werden Unzufriedenheiten genannt, wenn es aus der Sicht der Jugendgerichtshilfe gute informelle Beziehungen zu den Jugendgerichten gibt. Gute Kooperationen scheinen also das Verständnis für die jeweiligen Handlungsmöglichkeiten zu verbessern.

Das Jugend*gerichts*hilfeb@rometer gibt zudem Aufschluss über konkrete Unstimmigkeiten bei der Kooperation mit den Jugendgerichten (vgl. Tabelle 12). Der Hauptkonflikt betrifft nicht, wie nach der Fachdiskussion zu erwarten gewesen wäre (vgl. Trenczek 2002), die Anwesenheit der Jugendgerichtshilfe in der Hauptverhandlung, sondern mit knapp 60 % die Vorschläge der Jugendhilfen im Strafverfahren. Dieses Ergebnis ist insofern etwas überraschend, als fast alle Jugendhilfen im Strafverfahren auch angeben, dass ihre Vorschläge von den Jugendgerichten häufig (90 %) oder immer (7 %) im Urteil aufgegriffen werden. Die Gründe hierfür müssten noch weiter erfragt werden, denkbare Erklärungen wären z. B., dass die Vorschläge nur häufig und nicht immer umgesetzt werden oder dass Form und Inhalt nicht den Erwartungen des Jugendgerichts entsprechen.

Zudem gibt es einen Zusammenhang zwischen informellen Beziehungen zu den Jugendgerichten und der Angabe, dass die Jugendgerichte die Vorschläge der Jugendhilfe immer aufgreifen. Auf der Basis der Daten des Jugend*gerichts*hilfeb@rometers kann nicht geklärt werden, ob die Unstimmigkeiten hinsichtlich der Vorschläge der Jugendgerichtshilfe in der Verhandlung daher rühren, dass es z. B. einen inhaltlichen Dissens gibt, oder ob die Unstimmigkeiten als Ausdruck mangelnder Wertschätzung der sozialpädagogischen Fachlichkeit zu werten sind. 54 % beschreiben Unstimmigkeiten zwischen Jugendgericht und Jugendhilfe hinsichtlich der Angebotsstruktur der Jugendhilfe. Vor dem Hintergrund, dass 72 % der Jugendgerichtshilfen ihrerseits mit der Angebotsstruktur zufrieden sind, zeigen sich hier deutliche Bewertungsunterschiede, die auf die doch unterschiedlichen fachlichen Selbstverständnisse, Perspektiven und Handlungsaufträge schließen lassen.

**Tabelle 12: Anteil der Jugendgerichtshilfen, die Unstimmigkeiten bei der Kooperation mit dem Jugendgericht angeben – nach Organisationsform**

| Unstimmigkeiten bei der Kooperation? | Insgesamt | JGH eigenständig | JGH im ASD |
|---|---|---|---|
| … über die Vorschläge der Jugendhilfe im Strafverfahren | 59 % | 58 % | 60 % |
| … über die Angebotsstruktur der Jugendhilfe | 54 % | 49 % | 63 % |
| … über die Organisationsstruktur der Jugendhilfe im Strafverfahren | 38 % | 31 % | 54 % |
| … über die Berichterstattung der Jugendhilfe im Strafverfahren | 32 % | 26 % | 47 % |
| … über die Anwesenheit der Jugendhilfe in der Hauptverhandlung | 30 % | 23 % | 49 % |

Quelle: Jugend*gerichts*hilfeb@rometer, DJI 2011

Unstimmigkeiten in Bezug auf die Rahmenbedingungen der Zusammenarbeit, also über die Organisationsstruktur der Jugendhilfe im Strafverfahren (38 %), über die Form der Berichterstattung im Strafverfahren (32 %) sowie über die Anwesenheit der Jugendhilfe in der Hauptverhandlung (30 %), werden seltener genannt. Und immerhin ein Viertel aller Jugendgerichtshilfen sieht in keinem der in Tabelle 12 dargestellten Bereichen Unstimmigkeiten mit den Jugendgerichten. In der Tendenz scheinen Jugendgerichte und Jugendgerichtshilfe also eher „eingespielte Teams" zu sein, vor allem wenn es sich um spezialisierte Jugendhilfen im Strafverfahren handelt. Die durch ihre Verortung in unterschiedlichen Systemen angelegte Spannung zwischen Jugendgerichten und der Jugendhilfe in Gerichtsverfahren kommt offensichtlich relativ wenig zum Tragen, wie auch noch weitere Ergebnisse bestätigen werden.

Unstimmigkeiten in der Zusammenarbeit mit dem Jugendgericht werden häufiger genannt, wenn die Aufgabe der Jugendhilfe im Strafverfahren dem ASD zugeordnet ist. Hierfür könnten verschiedene Gründe ausschlaggebend sein, die jedoch durch die Online-Befragung nicht erfasst wurden. Daher sind an dieser Stelle nur vorsichtige Mutmaßungen über die Ursachen für diesen Befund möglich. Eine gewisse Plausibilität käme dabei einer Lesart zu, die den Zusammenhang zwischen Organisationsform und

Unstimmigkeiten mit dem Jugendgericht als Ausdruck einer konsequent vertretenen Jugendhilfeperspektive durch die Fachkräfte, die in einem ASD eingebunden sind, interpretiert. Sie sind möglicherweise weniger bereit, sich auf die Vorstellungen von Erziehung und Sanktion, wie sie von Justizseite vertreten werden, einzulassen. Eine weitere Lesart wäre, dieses Ergebnis als Folge eines weniger vertieften Spezialwissens und fehlender Handlungsroutinen der nicht-spezialisierten Generalisten aus dem ASD zu deuten, die wiederum dazu führen könnten, dass von der Justiz als unangemessen bewertete Vorschläge in das Verfahren eingebracht werden. Nicht zuletzt könnte die Struktur einer in den ASD integrierten Aufgabenwahrnehmung für die Justizseite zu komplex und unübersichtlich sein, was zu vielfältigen Missverständnissen und damit auch Unstimmigkeiten führen könnte.

Im Vorfeld der Erhebung war – entgegen dem nun vorliegenden Befund – erwartet worden, dass die mangelnde Anwesenheit von Jugendgerichtshelfern und Jugendgerichtshelferinnen bei der Hauptverhandlung ein besonders wichtiger Anlass für Unstimmigkeiten darstellen würde. Denn die Wahrnehmung von Gerichtsterminen gilt als klassische Aufgabe der Jugendgerichtshilfen, auch wenn sich inzwischen die Stimmen (vgl. z. B. Trenczek 2003) mehren, die eine Anwesenheit nicht bei jeder Verhandlung für erforderlich halten. Vor diesem Hintergrund ist das Jugend*gerichts*hilfeb@rometer der Frage nach gegangen, wie häufig die Jugendgerichtshilfe tatsächlich bei der Hauptverhandlung anwesend ist. Dabei ist zunächst der Befund hervorzuheben, dass nur noch 1 % der Jugendgerichtshilfen Gerichtsgänger/innen einsetzen, um die Präsenz der Jugendhilfe im Strafverfahren in der Hauptverhandlung zu gewährleisten. Dies ist als guter fachlicher Standard anzuerkennen, da offenbar zunehmend Wert darauf gelegt wird, dass die Person, die die Jugendhilfe im Strafverfahren vor Gericht vertritt, den Jugendlichen bzw. die Jugendliche auch persönlich kennt.

Welche Konstellationen und Straftaten im Rahmen des Verfahrens bis zur Hauptverhandlung führen, ist in der Praxis nicht einheitlich. In den Bundesländern existieren unterschiedliche Diversionsrichtlinien[13] und auch die jeweiligen Umsetzungen vor Ort führen in den einzelnen Regionen zu erheblichen Differenzen: Während bestimmte weniger schwere Delikte (wie z. B. Beförderungserschleichung) vielerorts mit oder auch ohne Auflagen bereits im Vorverfahren erledigt werden, kommen sie andernorts bis in die Hauptverhandlung. In diesen Fällen – so scheint es

---

13 Mit Ausnahme von Bayern, dem einzigen Bundesland ohne Diversionsrichtlinie.

naheliegend – wird von der Jugendhilfe im Strafverfahren abgewogen, ob in Anbetracht der begrenzten Ressourcen eine Anwesenheit in der Hauptverhandlung tatsächlich notwendig ist, insbesondere dann, wenn es sich um Heranwachsende handelt, die im Vorfeld die Kontaktangebote der Jugendgerichtshilfe nicht angenommen haben. Andere Gründe für eine eingeschränkte Teilnahme an Hauptverhandlungen können in fachlichen Überlegungen, Terminüberschneidungen und natürlich zu geringen personellen Ressourcen liegen. In Tabelle 13 ist dargestellt, wie häufig die Jugendhilfe im Strafverfahren an einer Hauptverhandlung teilnimmt. Es werden dabei auch die Unterschiede zwischen den verschiedenen Organisationsformen der Jugendhilfe im Strafverfahren erkennbar.

**Tabelle 13: Anwesenheit der Jugendgerichtshilfe in der Hauptverhandlung**

| Die JGH ist anwesend … | Alle JGHs | JGH eigenständig | JGH im ASD | JGH ist teilweise oder vollständig an Freien Träger delegiert | 1-Personen-JGHs |
|---|---|---|---|---|---|
| … in allen Hauptverhandlungen | 48 % | 52 % | 32 % | 69 % | 36 % |
| … in mehr als zwei Drittel der Hauptverhandlungen | 36 % | 38 % | 36 % | 13 % | 52 % |
| … in bis zu zwei Drittel der Hauptverhandlungen | 8 % | 7 % | 13 % | 6 % | 5 % |
| … in bis zu einem Drittel der Hauptverhandlungen | 8 % | 3 % | 20 % | 13 % | 7 % |

Quelle: Jugend*gerichts*hilfeb@rometer, DJI 2011

Fast immer ist – wie bereits ausgeführt – die Person im Hauptverfahren anwesend, die maßgeblich (mit dem Jugendlichen) an der Vorbereitung der Hauptverhandlung beteiligt war. Nahezu die Hälfte der Arbeitseinheiten (48 %) nimmt an jeder Hauptverhandlung teil. Weitere 37 % aller Jugendhilfen im Strafverfahren sind bei mehr als zwei Dritteln, aber nicht bei allen Hauptverhandlungen anwesend. Positiv hervorzuheben ist, dass somit 85 % der Jugendgerichtshilfen bei mindestens zwei Dritteln der Hauptverhandlungen teilnehmen. Nichtsdestotrotz muss an dieser Stelle aber auch kritisch darauf hingewiesen werden, dass etwa jede zwölfte Jugendgerichtshilfe (8 %) maximal bei einem Drittel der Hauptverhandlungen Präsenz zeigt. Über die Ursachen für diesen weniger guten fachlichen Standard kann an dieser Stelle nur spekuliert werden.

Die organisatorische Einbettung der Jugendgerichtshilfe beeinflusst offensichtlich die Möglichkeiten bzw. die Priorität an der Hauptverhandlung teilzunehmen erheblich. Einerseits ist der Anteil der Ein-Personen-Jugendgerichtshilfen, die an jeder Hauptverhandlung teilnehmen relativ niedrig, was aber aufgrund der oftmals nicht zu verhindernden Terminüberschneidungen nicht erstaunlich ist. Schließlich arbeiten 48 % der Ein-Personen-Jugendgerichtshilfen mit mehr als einem Jugendgericht zusammen. Der hohe Anteil von 52 % der Ein-Personen-JGH, die an über zwei Dritteln, aber nicht an allen Hauptverhandlungen teilnehmen, verdeutlicht, dass die Wahrnehmung dieser Aufgabe eine besondere Wertschätzung erfährt. Ist die Jugendhilfe im Strafverfahren in den ASD integriert, so sinkt der Anteil der Jugendämter, die sehr häufig oder immer an den Hauptverhandlungen teilnehmen, erheblich ab. Von dieser Gruppe ist ein Fünftel (20 %) in nur maximal einem Drittel der Hauptverhandlungen anwesend. Diese geringe Beteiligung an den Hauptverhandlungen scheint über die Jahre hinweg stabil zu sein. Denn auch bei der Mitarbeiter/innen-Befragung von Trenczek zeigte sich, dass bei einer Zuordnung dieser Aufgabe zum ASD die Anwesenheit bei der Hauptverhandlung unwahrscheinlicher ist (Trenczek 2003: 101 ff.). Auch wenn die empirische Prüfung an dieser Stelle noch aussteht, so ist doch zu vermuten, dass sich die Arbeitsbelastung im ASD und die Konkurrenz der Aufgaben (Kinderschutzfall oder Teilnahme an Jugendgerichtsverhandlung, siehe auch nächstes Zitat), negativ auf die Teilnahme an der Hauptverhandlung auswirken:

*„[…] hat's mich regelmäßig zerlegt, wenn ich im ASD einfach dringlichere Prioritäten zu bearbeiten hatte, also Inobhutnahmen, will ich jetzt mal als Beispiel nennen oder 'ne Krise im Heim. Na gut. Dann reitet man natürlich sozusagen die wichtigere Priorität ab. Und es war – im Prinzip halt dann das Fazit: Jugendgerichtshilfe hat nur zweite oder sogar dritte Priorität, mit allen Folgen, dass man sozusagen geguckt hat, ist der Jugendrichter zufrieden zu stellen, mit dem was er im Bericht hat, wenn man halt sagt, ‚Ich kann nicht da sein', und im Prinzip auch natürlich für den Jugendlichen der Nachteil, dass der Jugendgerichtshelfer nicht in der Verhandlung präsent ist, also jetzt rein aus der Organisationsstruktur ASD gibt's dringlichere Dinge. Und da kann die Jugendgerichtshilfe immer nur unter ‚ferner liefen' laufen."*

(Teilnehmer Validierungsworkshop)

Terminüberschneidungen, personelle Unterbesetzung und gleichzeitig anstehende andere Aufgaben führen bei 86 % der Jugendgerichtshilfen, die eine Begründung für ihr Fernbleiben angeben, zu einer Nichtteilnahme an Hauptverhandlungen. Entgegen der Erwartung, dass Terminprobleme insbesondere bei ASD-integrierten Jugendgerichtshilfen auftreten, ist dies ebenso bei spezialisierten Jugendhilfen im Strafverfahren der Fall.

Ein Viertel der Jugendgerichtshilfen, die zumindest ab und zu nicht zur Hauptverhandlung gehen, begründet dies damit, dass es nicht notwendig sei, weil es sich um eher weniger gravierende Delikte handelt. Die Schwelle, wann Delikte in die Hauptverhandlung kommen, wird jedoch von den Jugendgerichten unterschiedlich gesetzt. Weitere Begründungen sind, dass kein erzieherischer Bedarf erkennbar sei oder andere Personen, wie Betreuungshelfer, anwesend seien. Man kann dies als angemessene Reaktion darauf deuten, dass es „für die überwiegende Anzahl der jugendlichen Beschuldigten aus jugendpädagogischer und kriminologischer Sicht nur ‚Normalität' zu berichten gibt und ein formelles Strafverfahren aus ‚erzieherischen' Gründen gar nicht hätte eingeleitet werden müssen" (Trenczek 2003: 36f.). Allerdings ist in jedem Einzelfall zu prüfen, ob – weil von Justizseite diese ‚Normalität' nicht gesehen wird – die Anwesenheit der Jugendhilfe im Strafverfahren nicht doch notwendig ist. Auch Begründungen wie „volles Schuldeingeständnis des Jugendlichen" signalisieren Handlungsmuster, die fachlich durchaus kritisch zu diskutieren sind. 15 % der Jugendhilfen im Strafverfahren begründen eine Nichtteilnahme am Hauptverfahren – sofern eine Begründung erfolgt – mit zuvor getroffenen Absprachen zwischen Jugendgerichtshilfe und Gericht. Weiterhin ist in einigen Regionen festgelegt, dass ein schriftlicher Bericht der Jugendgerichtshilfe ausreichend ist. Bei solchen Vereinbarungen wird aber in der Fachdiskussion teilweise die Gefahr gesehen, dass sie nicht im Sinne des Jugendlichen angewandt werden, denn sie könnten in erster Linie der Entlastung von Justiz und Kinder- und Jugendhilfe dienen. Fachlich besonders kritisch zu bewerten ist, dass immerhin 10 % von denen, die eine Begründung angeben, ihre Abwesenheit mit der Ablehnung durch die Jugendlichen oder aber dem Problem, die Jugendlichen überhaupt anzutreffen oder kennenzulernen, begründen. Hier gelingt es den Fachkräften offensichtlich nicht, mit den Jugendlichen bzw. jungen Erwachsenen in Kontakt zu kommen und eine vertrauensvolle Arbeitsbeziehung aufzubauen. Jenseits der Befunde des Jugend*gerichts*hilfeb@rometers werden aus der Praxis unterschiedliche Verfahrensweisen zwischen Jugendlichen und Heranwachsenden berichtet: Wenn z. B. Heranwachsende nicht auf ein schriftliches Angebot antworten, wird mancherorts (im Unterschied zum Verfahren bei unter 18-Jährigen) nicht weiter nachgehakt. Wenn es so keinen weiteren Kontakt gibt, wird auch kein Bericht für das Jugendgericht erstellt und auch nicht an der Hauptverhandlung teilgenommen.

Nicht zuletzt, weil in der letzten Zeit in den Fachdebatten verschiedentlich die Verschlechterung des Verhältnisses von Kinder- und Jugendhilfe und Justiz beklagt worden ist, soll abschließend nun noch einmal der Fokus auf Ergebnisse bezüglich der Fragekategorie „Unstimmigkeiten im Rückblick" gerichtet werden. Das Jugend*gerichts*hilfeb@rometer hat danach gefragt, wie sich im Fall von Unstimmigkeiten die Kooperation in den letzten fünf Jahren hinsichtlich der in Tabelle 14 benannten Aspekte entwickelt hat. Gefragt wurde danach, ob die Anzahl der Unstimmigkeiten hinsichtlich vorgegebener Themen zu- oder abgenommen hat, unverändert blieb bzw. ob es überhaupt Unstimmigkeiten gab. Die angeführten Prozentwerte beziehen sich dabei nur auf diejenigen, die tatsächlich über Unstimmigkeiten bei dem jeweiligen Thema berichten. 25 % aller Jugendämter hatten bei keinem dieser Themen eine Unstimmigkeit mit dem Jugendgericht.

**Tabelle 14: Aussagen der Jugendgerichtshilfen zu Unstimmigkeiten mit den Jugendgerichten im Rückblick der letzten fünf Jahre**

| Anzahl der Unstimmigkeiten ... | Zunahme | Nicht verändert | Abnahme | Anzahl JGHs |
|---|---|---|---|---|
| ... über die Anwesenheit der Jugendhilfe in der Hauptverhandlung | 26 % | 54 % | 20 % | 109 |
| ... über die Berichterstattung der JGH | 16 % | 59 % | 25 % | 116 |
| ... über die Vorschläge der JGH | 8 % | 78 % | 15 % | 211 |
| ... über die Organisationsstruktur der JGH | 20 % | 63 % | 17 % | 139 |
| ... über die Angebotsstruktur der Jugendhilfe | 16 % | 65 % | 19 % | 194 |

Quelle: Jugend*gerichts*hilfeb@rometer, DJI 2011

Die Ergebnisse der Online-Befragung zeigen zunächst, dass sich kein eindeutiger Trend zur Verbesserung oder Verschlechterung der Beziehung zu den Jugendgerichten erkennen lässt. Die Mehrzahl der Jugendgerichtshilfen gibt an, dass sich die Anzahl der Unstimmigkeiten in den vergangenen fünf Jahren nicht verändert habe. Gleichwohl berichten bis zu einem Viertel der Jugendgerichtshilfen von einer Zunahme der Unstimmigkeiten. Berücksichtigt man die im gleichen Zeitraum vollzogenen organisatorischen Veränderungen, so wird der bisherige Befund, dass spezialisierte Dienste besser mit den Jugendgerichten kooperieren, bestätigt. Denn kam es zu einer Spezialisierung, dann hat das eher zu einer Abnahme von Unstimmigkeiten geführt. Und umgekehrt wurden mehr Unstimmigkeiten benannt, wenn es zu einer Entspezialisierung gekommen ist. Wenn über Unstimmigkeiten in Bezug auf die Anwesenheit der Jugendhilfe im Strafverfahren berichtet wird, hat sich in den letzten fünf Jahren eine erhebliche Zunahme von 26 % gezeigt. Die Veränderungen hier sind unabhängig von der Häufigkeit, mit der an Hauptverhandlungen teilgenommen wird.

Neben der Anwesenheit können weitere Unstimmigkeiten bezüglich der richterlichen Weisungen angeführt werden (vgl. Tabelle 15). 2 % der Jugendgerichtshilfen kommen zu der Einschätzung, dass die Jugendgerichte häufig fachlich ungeeignete Weisungen verhängen. Bei knapp einem Drittel (31 %) kommt dies manchmal, bei 61 % selten und bei 6 % niemals vor. Es ist nicht weiter überraschend, dass es umso häufiger Unstimmigkeiten bezüglich der Vorschläge des Jugendgerichts gibt, je häufiger die Jugendgerichtshilfen die Weisungen für fachlich ungeeignet halten.

**Tabelle 15: Fachliche Einschätzung der richterlichen Weisungen durch die Jugendgerichtshilfen**

| Verhängen die Jugendgerichte Weisungen, die Sie aus fachlichen Gründen für ungeeignet halten? | |
|---|---|
| Nie | 6 % |
| Selten | 61 % |
| Manchmal | 31 % |
| Häufig | 2 % |

Quelle: Jugend*gerichts*hilfeb@rometer, DJI 2011

Zusammenfassend lässt sich festhalten, dass aus der Perspektive der Jugendhilfe die Kooperation zwischen den Jugendgerichten und der Jugendhilfe im Strafverfahren positiv beurteilt wird. Somit zeigt sich, dass die Debatten über eine zunehmende Verschlechterung des Verhältnisses zu den Jugendgerichten – zumindest über Einzelfälle hinaus – keine empirische Grundlage haben. Die unterschiedliche regionale Zuständigkeit der kommunalen Jugendgerichtshilfe und der Landesbehörden der Justiz bzw. der Gerichtsbezirke führt zu einer hohen Komplexität der Kooperationsbeziehungen (Vervielfachung der Kooperationspartner), die von den meisten jedoch gut bewältigt werden kann. Ob die Güte der Kooperationsbeziehungen ausschließlich positive Rückwirkungen für die Jugendlichen hat, bleibt eine offene Frage: Problematisch wäre es, würden Verfahrenswege etabliert, die zwar der Arbeitserleichterung, aber weniger den Interessen der Jugendlichen dienen, etwa mit Blick auf die Abwesenheit der Jugendgerichtshilfe in der Hauptverhandlung.

## 4.2 Zusammenarbeit mit weiteren Kooperationspartnern

Die Jugendrichter/innen sind nicht die einzigen Kooperationspartner, mit denen die Jugendhilfe im Strafverfahren zu tun hat. Eine bedeutsame Rolle sowohl zu unterschiedlichen Zeitpunkten des Verfahrens als auch danach haben Staatsanwaltschaft, Polizei, Freie Träger der Kinder- und Jugendhilfe, Arbeitsverwaltung oder auch Rechtsanwälte und Rechtsanwältinnen. Die folgende Tabelle dokumentiert die vielfältigen Kooperationsbeziehungen und zeigt eine im Großen und Ganzen positive Bewertung dieser Kontakte auf, wenngleich sie nicht an die Bewertung der Zusammenarbeit mit den Jugendgerichten (Note 2,12) heranreichen (vgl. Tabelle 16 und Abbildung 4).

**Tabelle 16: Anteil der Jugendhilfen im Strafverfahren, die mit den jeweiligen Kooperationspartnern kooperieren, Bewertung der Zusammenarbeit**

| Zusammenarbeit mit … | Kooperation vorhanden | Schulnote |
|---|---|---|
| … Freien Trägern der Kinder- und Jugendhilfe | 96 % | 2,16 |
| … Bewährungshilfe | 97 % | 2,30 |
| … Polizei | 98 % | 2,42 |
| … Staatsanwaltschaft | 94 % | 2,55 |
| … Rechtsanwälten | 89 % | 2,83 |
| … Einrichtungen des Strafvollzugs | 87 % | 2,86 |
| … Arbeitsverwaltung | 76 % | 3,12 |

Quelle: Jugend*gerichts*hilfeb@rometer, DJI 2011

Im Vergleich zu Untersuchungen, bei denen das Jugendamt insgesamt befragt wurde (vgl. z. B. Pluto et al. 2007), wird die Polizei von der Jugendgerichtshilfe als Kooperationspartner schlechter bewertet. Ihre Bewertung bewegt sich bei den Jugendgerichtshilfen im Mittelfeld. Eine plausible Erklärung wäre hier die Annahme, dass Faktoren, wie beispielsweise die Bereitschaft von Jugendkontaktbeamten, an stadtteilbezogenen Präventionsmaßnahmen mitzuwirken, oder der sensible Umgang der Polizei bei familiären Krisen bzw. innerfamiliärer Gewalt, dazu führen, dass Mitarbeiter/innen des Jugendamtes, die nicht in der Jugendgerichtshilfe arbeiten, die Zusammenarbeit mit der Polizei positiver bewerten als die Beschäftigten der Jugendgerichtshilfe. Bei Fachkräften der Jugendhilfe im Strafverfahren dürften solche Kooperationsformen weniger im Arbeitsalltag relevant sein und deshalb auch nicht in die Gesamtbewertung der Kooperation einfließen. Für sie stehen möglicherweise die unterschiedlichen Handlungslogiken bei der Zusammenarbeit stärker im Vordergrund, wie das folgende Zitat deutlich macht:

*„Und was mir aufgefallen ist, ist dass die Kollegen im ASD sehr unreflektiert damit umgehen, was die Polizei eigentlich für'n Auftrag hatte und ich erst mal aufklären musste, als dann plötzlich Leute aus der ARGE, ARGA, Arbeitsgruppe Ausländer, […], mit zu 'ner Hilfekonferenz eingeladen wurden, wo ich gesagt hab, […], geht eigentlich nicht. Das entspricht nicht unbedingt dem Datenschutz. 'Und wisst Ihr eigentlich, dass die alles ermitteln müssen, sobald sie von einer Straftat hören' und und und. Das schränkt ja hier das auch dann stark ein. Und das war denen gar nicht so bekannt. Also da wird das nicht so reflektiert. Und es wird dann aus Sicht des ASDs eher als hilfreich empfunden, wenn die Polizei da mit eingreift, während wir da eben etwas zurückhaltender damit umgehen."*

(Teilnehmer Validierungsworkshop)

Das relativ schlechte Abschneiden der Arbeitsverwaltung als Kooperationspartner findet sich auch in anderen Erhebungen in der Kinder- und Jugendhilfe wieder (vgl. Pluto et al. 2007; Gragert et al. 2004). Eine Teilnehmerin des Validierungsworkshops erklärt sich dies so:

*„Also ich denke auch, die Arbeitsverwaltung ist 'ne Organisation, die ist von außen her schwer durchschaubar. […] der Bekanntheitsgrad zwischen den einzelnen Akteuren der Jugendhilfe und der Arbeitsverwaltung ist relativ gering."*

(Teilnehmerin Validierungsworkshop)

Als wesentlicher Grund für die Probleme in der Zusammenarbeit werden hier die unzureichenden Kenntnisse über den jeweils anderen angeführt. Eine etwas andere Erklärung für die selten wirklich gute Bewertung der Kooperation mit der Arbeitsagentur scheint im folgenden Zitat auf:

*„Mit der Arbeitsverwaltung ist es ja eigentlich kein Wunder, weil die Arbeitsverwaltung kooperiert mit der Jugendhilfe ohnehin sehr problematisch, weil die […] sich anders versteht und eine ganz starke Abgrenzung [hat] wegen Kostenübernahmen und Kostenunklarheiten bei der Arbeitsverwaltung."*

(Teilnehmer Validierungsworkshop)

Offensichtlich wird eine Zusammenarbeit auch aufgrund der nicht immer eindeutigen Kostenfrage erschwert.

Die ebenfalls nicht sehr zufriedenstellenden Bewertungen der Kooperation mit Haftanstalten lassen sich möglicherweise durch eine häufig sehr große räumliche Distanz zum Jugendstrafvollzug erklären. Diese erschwert nicht nur Kontakte zum inhaftierten jungen Menschen, sondern auch eine Beteiligung an der Vollzugsplanung und dem Implementieren eines Übergangsmanagements.

Weitere Kooperationshindernisse liegen aus Sicht der Jugendgerichtshilfen in einer mancherorts hohen Personalfluktuation und einer fehlenden pädagogischen Qualifizierung der Staatsanwälte begründet.[14] Hier gibt es offenbar bisweilen noch – analog zur früheren Praxis in den Jugendgerichtshilfen – „Gerichtsgänger", die kaum Fallkenntnis haben, da sie die Anklageschrift nicht selbst verfasst haben.

*„Also das ist bei uns so ein Knackpunkt, oder das hab ich aus anderen Städten gehört. Das sind die, die Referendare in die Sitzungen schicken, wo sie einen Wechsel haben, so schnell können sie gar nicht gucken, sich ständig mit fachlich nicht versierten Leuten in Zusammenarbeit, was auch das Jugendgericht beklagt."*

(Teilnehmerin Validierungsworkshop)

Differenziert nach dem Organisationsgrad der Jugendgerichtshilfen ergeben sich mit Blick auf „Nicht-Kooperationen" die in Tabelle 17 dargestellten Befunde.

---

14 Vgl. auch Drews (2005: 178ff.), die im Ergebnis ihrer Untersuchung zur Ausbildungs- und Fortbildungssituation von Jugendrichtern und Jugendstaatsanwälten die Umwandlung des § 37 JGG von einer Soll- in eine Mussvorschrift fordert, d.h. dass die erzieherische Befähigung als notwendige Voraussetzung auch nachgewiesen wird. Die langjährige und wichtige Forderung zur Sicherstellung der spezifischen erzieherischen Befähigung von Jugendrichtern und -richterinnen, von Jugendstaatsanwältinnen und -staatsanwälten – wird vielleicht demnächst im Rahmen eines anderen Gesetzgebungsvorhabens umgesetzt: Eine entsprechende Passage findet sich im Referentenentwurf des Bundesministeriums der Justiz des Gesetzes zur Stärkung der Rechte von Opfern sexuellen Missbrauchs (StORMG) vom 15.12.2010.

**Tabelle 17: Anteil der Jugendgerichtshilfen, die nicht kooperieren, nach Organisationstyp**

| JGH kooperiert nicht mit ... | Insgesamt | JGH eigenständig | JGH im ASD |
|---|---|---|---|
| ... der Arbeitsverwaltung* | 24 % | 20 % | 38 % |
| ... Einrichtungen des Strafvollzugs* | 13 % | 10 % | 18 % |
| ... Rechtsanwälten | 11 % | 9 % | 16 % |
| ... Staatsanwaltschaft | 6 % | 6 % | 8 % |
| ... Freien Trägern der Kinder- und Jugendhilfe | 4 % | 3 % | 7 % |
| ... Bewährungshilfe* | 3 % | 2 % | 6 % |
| ...Polizei | 2 % | 2 % | 1 % |

*Unterschiede signifikant auf 5 % Niveau    Quelle: Jugendgerichtshilfeb@rometer, DJI 2011

Die Befunde des Jugendgerichtshilfeb@rometers zeigen, dass die ASD-integrierte Jugendgerichtshilfe tendenziell etwas weniger kooperiert. Besonders groß ist dieser Unterschied bei denjenigen Partnern, die für eine ordnungsgemäße Aufgabenwahrnehmung nicht unbedingt erforderlich sind, auch wenn sich der Auftrag der Jugendhilfe im Strafverfahren bei entsprechenden Kooperationen besser erfüllen ließe, wohingegen es bei der Kooperation mit der Polizei, der Staatsanwaltschaft und Freien Trägern der Kinder- und Jugendhilfe keine statistisch bedeutsamen Unterschiede gibt.

Die Erwartung, dass ASD-integrierte Jugendgerichtshilfen aufgrund des breiteren Aufgabenzuschnitts ihrer Mitarbeiter/innen mit mehr Kooperationspartnern kooperieren, kann durch die Empirie nicht bestätigt werden. Ausschlaggebend für diesen Befund könnte die hohe und auch gestiegene Arbeitsbelastung in den Allgemeinen Sozialen Diensten sein.

Abbildung 6 und Tabelle 18 geben Hinweise darauf, dass die Zusammenarbeit meist einzelfallbezogen, den einzelnen Jugendlichen fokussierend, stattfindet. Sehr viel seltener wird im Rahmen von Gremien wie dem Jugendhilfeausschuss, einer Arbeitsgemeinschaft nach § 78 SGB VIII oder ähnlichen fallunabhängigen Formen kooperiert. Diese könnten dann auch bessere und verlässlichere Rahmenbedingungen für die fallbezogene Zusammenarbeit ermöglichen.

**Abbildung 6: Kooperationsformen der Jugendgerichtshilfen nach kooperierenden Institutionen**

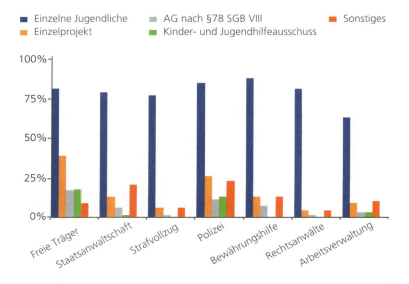

Quelle: Jugendgerichtshilfeb@rometer, DJI 2011

Das folgende Zitat verweist darauf, dass fallunabhängige Besprechungen durchaus auch genutzt werden, um über die bisherigen Kooperationserfahrungen zu reflektieren und einzelnen Kooperationspartnern die eigene Unzufriedenheit, möglichst mithilfe Verbündeter, zu vermitteln:

„[...] sind wir seit einiger Zeit dazu übergegangen, in unseren jährlichen Kooperationsgesprächen Richter und Staatsanwälte zusammen einzuladen, damit auch die Richter den Staatsanwälten mal sagen, was sie von denen erwarten, dass also nicht nur wir als diejenigen auftreten, die was erwarten, sondern dass man da eher gemeinsam spricht und da was vermittelt."

(Teilnehmerin Validierungsworkshop)

**Tabelle 18: Kooperationsformen der Jugendgerichtshilfe nach kooperierenden Institutionen**

| Kooperation bezogen auf … | einzelne Jugendliche | Einzel- projekte | Jugendhilfe- ausschuss |
|---|---|---|---|
| Kooperation mit … | | | |
| … Freien Trägern der Kinder- und Jugendhilfe | 81 % | 39 % | 18 % |
| … Staatsanwaltschaft | 79 % | 13 % | 1 % |
| … Einrichtungen des Strafvollzugs | 77 % | 6 % | Keine |
| … Polizei | 85 % | 26 % | 13 % |
| … Bewährungshilfe | 88 % | 13 % | Keine |
| … Rechtsanwälte | 81 % | 4 % | Keine |
| … Arbeitsverwaltung | 63 % | 9 % | 3 % |

Quelle: Jugendgerichtshilfeb@rometer, DJI 2011

Zusammenfassend wird die Schnittstellenposition der Jugendhilfe im Strafverfahren deutlich, denn die meisten Jugendgerichtshilfen beschränken ihre Kooperation nicht auf die Jugendgerichte, sondern sind auch mit zahlreichen anderen Institutionen und Organisationen gut vernetzt. Allerdings fehlt es trotz der zahlreichen fallbezogenen Kooperationen offensichtlich an fallübergreifenden Formen der Zusammenarbeit, die aber notwendig wären, um in Einzelfällen schnell und vor allem möglichst gut zusammenarbeiten zu können. Für den Aufbau und die Pflege der Kooperation sind entsprechende Ressourcen notwendig, die angesichts der hohen Arbeits- und Fallbelastung offenbar nicht ausreichend zur Verfügung stehen.

## 4.3 Rolle der Jugendgerichtshilfe in der Kooperation mit dem Jugendgericht

Das Jugendgerichtshilfeb@rometer hat anhand einiger Items erhoben, wie die Jugendhilfe im Strafverfahren ihre Kooperationsaufgaben beschreibt und mit welcher Haltung bzw. vor welchem Hintergrund dies geschieht. Interessiert hat dabei vor allem, inwiefern in den Antworten ein Selbstverständnis als integraler Bestandteil der Kinder- und Jugendhilfe im Strafverfahren deutlich wird (vgl. Tabelle 19 und Tabelle 20). Von Bedeutung ist der Befund, dass nahezu alle Jugendgerichtshilfen (98 %) die Auffassung teilen, dass es ihre Aufgabe sei, einen umfassenden Eindruck von der Persönlichkeit des Jugendlichen zu vermitteln. Dies überrascht angesichts der gesetzlichen Bestimmungen zur Jugendhilfe im Strafverfahren nicht. Auch die hohe Zustimmung (96 %) zu der Wertschätzung, die das Jugendgericht der Jugendhilfe im Strafverfahren entgegen bringt, kann angesichts der positiven Bewertung der Kooperation nicht erstaunen. Verblüffender hingegen ist, dass 13 % die Aussage, dass die Jugendgerichtshilfe auch kontrovers mit dem Jugendgericht diskutieren sollte, ablehnen. Auch wenn die große Mehrzahl in dieser Gruppe die Einschätzung „trifft eher nicht zu" wählt, könnte die Gefahr bestehen, dass die Jugendgerichtshilfe in diesen Regionen, in denen sie ggf. keinen Anlass sieht im Widerspruch zur Meinung des Gerichts zu argumentieren, nicht immer ihren Auftrag im Sinne des SGB VIII erfüllt.

**Tabelle 19: Kooperationsaufgaben der Jugendhilfe im Strafverfahren**

| Aussage | ... trifft „voll zu" oder „eher zu" | ... trifft „nicht zu" oder „eher nicht zu" |
|---|---|---|
| Die JGH muss dem Gericht einen umfassenden Eindruck von der Persönlichkeit des Jugendlichen geben. | 98 % | 2 % |
| Die JGH wird vom Jugendgericht als wichtiger Partner wertgeschätzt. | 96 % | 4 % |
| Die JGH sollte ggf. auch kontrovers mit dem Jugendgericht diskutieren. | 87 % | 13 % |

Quelle: Jugendgerichtshilfeb@rometer, DJI 2011

Die Verankerung in der Kinder- und Jugendhilfe wird in den hohen Zustimmungsraten zu den Aussagen „Die Jugendgerichtshilfe sollte sich vor allem an dem erzieherischen Bedarf des Jugendlichen orientieren" (99 %) und „Die Jugendgerichtshilfe muss pädagogisch auf den Jugendlichen einwirken" (92 %) erkennbar (vgl. Tabelle 20). Die Jugendhilfe im Strafverfahren legt den Fokus eindeutig auf das pädagogische Einwirken. Erstaunlich ist, dass es eine nicht ganz geringe Anzahl von Jugendämtern gibt (8 %), bei denen es eher nicht zu den Aufgaben der Jugendhilfe im Strafverfahren gehört, pädagogisch auf Jugendliche einzuwirken.

Schwieriger einzuordnen ist, dass die Hälfte (50 %) der Jugendgerichtshilfen der Aussage zustimmt, „die Jugendgerichtshilfe sollte ggf. auch für ein Ausschöpfen des Strafmaßes plädieren". Hier kommt eine nicht unerhebliche Punitivität bei den Fachkräften zum Ausdruck.

**Tabelle 20: Selbstverständnis der Jugendhilfe im Strafverfahren**

| Aussage | ... trifft „voll zu" oder „eher zu" | ... trifft „nicht zu" oder eher nicht zu" |
|---|---|---|
| Die JGH sollte sich vor allem an dem erzieherischen Bedarf des Jugendlichen orientieren. | 99 % | 1 % |
| Die JGH muss pädagogisch auf den Jugendlichen einwirken. | 92 % | 8 % |
| Die JGH sollte ggf. auch für ein Ausschöpfen des Strafmaßes plädieren. | 50 % | 50 % |

Quelle: Jugend*gerichts*hilfeb@rometer, DJI 2011

In der Regel wird das Jugendhilfeangebot oder auch der Sanktionsvorschlag vor der Urteilsverkündung gemeinsam mit dem Jugendlichen beraten. Nur 5 % der Jugendgerichtshilfen haben dies verneint. Aber auch in der Gruppe der Jugendgerichtshilfen, die die Frage nach der gemeinsamen Beratung mit den Jugendlichen bejaht haben, zeigt sich eine große Spannweite: Während rund 30 % dies bei allen Fällen praktizieren, finden sich am anderen Ende 9 %, die dies nur in der Hälfte der Fälle oder noch seltener umsetzen.[15] Hier konkretisiert sich die angestrebte pädagogische Arbeit mit den Jugendlichen, die vom Selbstverständnis her nur gemeinsam, partizipativ mit den Jugendlichen erfolgen kann. Fachlich wünschenswert wäre es, wenn dies tatsächlich mit *allen* Jugendlichen stattfinden würde. Dazu müssen freilich die notwendigen Ressourcen zu Verfügung gestellt werden.

Der Stellenwert der JGH-Berichte für die Entscheidungsfindung bei Gericht wird insgesamt als sehr bedeutend eingeschätzt. Auf einer siebenstufigen Skala haben nur 2 % der Jugendgerichtshilfen negative Angaben gemacht. Damit korrespondieren die Angaben, wie häufig der Vorschlag der Jugendgerichtshilfe im Urteil aufgegriffen wird: 89 % der Jugendhilfen im Strafverfahren haben angegeben, dass dies „häufig" der Fall ist, 7 % haben angegeben, dass dies „immer" der Fall ist.

---

15   Der Median liegt bei 85 %.

## 4.4 Zwischenfazit

Wie sehr die Jugendhilfe im Strafverfahren an den Schnittstellen zwischen Justiz, Polizei und Jugendhilfe agiert, belegen die Ergebnisse zur Kooperation eindrucksvoll. Auch scheint die Jugendhilfe im Strafverfahren dieser Aufgabe insgesamt gewachsen, zumindest beurteilt sie ihre Kooperationserfahrungen positiv. Bei den Kooperationen handelt es sich vor allem um fallbezogene und projektbezogene Kooperationen, während gremienbezogene Kooperationen deutlich seltener sind – ihr Ausbau bleibt eine Herausforderung. Nicht immer ganz einfach ist es für die Fachkräfte, ihr eigenes fachliches Selbstverständnis auszubilden. In spezialisierten Diensten besteht die Gefahr, eine gewisse Distanz zur Kinder- und Jugendhilfe zu entwickeln und sich außerhalb dieser zu verorten. Bei entspezialisierten Diensten wiederum kommt es häufiger zur Notwendigkeit, Aufgaben außerhalb der Jugendhilfe im Strafverfahren zu priorisieren. Beides ist nicht im Sinne des Gesetzgebers und der Jugendlichen. Insgesamt zeigt sich, dass die Kooperation von spezialisierten Diensten besser bewertet wird als von den ASD-integrierten Jugendhilfen im Strafverfahren. Dies sollte bei den Entscheidungen für die Organisationsform vor Ort berücksichtigt werden. Wünschenswert und aufschlussreich wäre eine eigenständige Befragung der Kooperationspartner.

Einige Fragen werfen die schlechten Bewertungen der Kooperation mit den Arbeitsverwaltungen auf. Hier besteht gerade für die älteren Jugendlichen noch ein erhebliches Weiterentwicklungspotenzial, auch angesichts dessen, dass Arbeitsweisungen und -auflagen die häufigste ambulante Sanktion darstellen.

# 5 Angebotsstruktur aus Sicht der Jugendhilfen im Strafverfahren

Die Möglichkeiten zur Ausgestaltung der Aufgaben der Jugendhilfe im Strafverfahren richten sich vor allem nach den in der Region verfügbaren Angeboten. Zugleich ist die Angebotsstruktur ein Abbild dessen, wie die Aufgaben der Jugendhilfe im Strafverfahren fachpolitisch gesteuert werden, welche Strategien die Justiz im Umgang mit delinquentem Verhalten entwickelt und wie sich die Kinder- und Jugendhilfe dazu positioniert. Das Jugendgerichtsgesetz (JGG) sieht eine Reihe von Möglichkeiten vor, mit ambulanten Maßnahmen sozialpädagogisch auf gesetzwidriges Verhalten von Jugendlichen zu reagieren, um freiheitsentziehende Maßnahmen zu vermeiden. Ambulante Angebote wurden als Jugendhilfeangebote für delinquente Jugendliche mit dem Anliegen entwickelt, wirksame Alternativen zu dem traditionellen jugendgerichtlichen, oft freiheitsentziehenden Sanktionsinstrumentarium anzubieten. Mit der Aufnahme der sogenannten „neuen" ambulanten Maßnahmen in das JGG durch das 1. JGGÄndG aus dem Jahr 1990 sollten die Reaktionsmöglichkeiten des Jugendgerichts besonders in Fällen der leichten bis mittelschweren Straffälligkeit verbessert werden. Als Zielgruppe sind dabei vor allem jene Jugendlichen und Heranwachsenden anvisiert, die bzw. deren Eltern auch einen Anspruch auf Hilfen zur Erziehung haben, die gleichzeitig aber aufgrund ihrer Straffälligkeit von Freiheitsentzug bedroht sind (vgl. Brakhage/Drewniak 1999). Zwar haben sich die ambulanten Maßnahmen im Portfolio der Strafpraxis etabliert und einen Bedeutungsgewinn erfahren (Heinz 2010: 110ff.), aber es stellt sich gleichzeitig die Frage, inwieweit es gelungen ist, die Zielsetzung zu erreichen, Freiheitsentzug insbesondere in Form des Jugendarrestes weiter zurückzudrängen. Bei Weitem nicht so häufig wie anfänglich in der Fachdiskussion erhofft, ersetzen die ambulanten Maßnahmen tatsächlich den fachlich umstrittenen Jugendarrest (vgl. Riechert-Rother 2008; Thalmann 2011).

Betrachtet man insgesamt die Angebotsstruktur ambulanter Maßnahmen, so zeigt sich, dass offenbar Arbeitsweisungen/-auflagen im Vergleich zu den anderen ambulanten Maßnahmen mit Abstand am häufigsten auferlegt werden (vgl. Gadow et al. 2011). Soziale Trainingskurse, Betreuungsweisungen und Täter-Opfer-Ausgleich werden hingegen sehr viel seltener eingesetzt.

Einige Fragen im Jugend*gerichts*hilfeb@rometer haben zentrale Aspekte bezüglich der Angebotsstruktur aufgegriffen: So wurde z. B. gefragt, wie die Angebotsstruktur vor Ort von den Jugendhilfen im Strafverfahren eingeschätzt wird, ob die Angebotsstruktur entsprechend ausdifferenziert ist, damit Alternativen gefunden werden können, ob es in den letzten Jahren Veränderungen in der Angebotslandschaft gab und welcher Art diese Veränderungen sind. Vor dem Hintergrund einer völlig unzureichenden Datenlage zum Ausmaß und zur Entwicklung des Ungehorsamsarrestes wurde auch erhoben, ob die Zahl der verhängten Ungehorsamsarreste zugenommen hat.

Zunächst wurden die Jugendgerichtshilfen gebeten, eine Einschätzung abzugeben, wie sie die Angebotsstruktur insgesamt bewerten. Die Antworten ergeben dabei ein sehr heterogenes Bild: Knapp drei Viertel der Jugendhilfen im Strafverfahren (72 %) schätzen die Angebotsstruktur als „angemessen" ein, 28 % beschreiben sie als „unzureichend". Einzelne Jugendgerichtshilfen gelangen dagegen zu dem Schluss, dass es ein Überangebot gibt. Vor dem Hintergrund, dass die Bewertung der Angebotsstruktur maßgeblich auch mit den Veränderungen bei den zur Verfügung stehenden Angeboten zusammenhängt, hat das Jugend*gerichts*hilfeb@rometer des Weiteren nach den Entwicklungen vor Ort gefragt: Gut die Hälfte der Jugendhilfen im Strafverfahren (53 %) gelangt zu der Einschätzung, dass es in den letzten zwei Jahren zu einer Ausdifferenzierung der Maßnahmen gekommen ist. Dies trifft vor allem auf westdeutsche und städtische Jugendamtsbezirke zu. Dabei ist auffällig, dass die Ausdifferenzierung insbesondere im deliktbezogenen (z. B. Verkehrserziehungskurse) und zielgruppenspezifischen Bereich (z. B. soziale Trainingskurse für Mädchen) erfolgt (vgl. Tabelle 21). Diese Jugendgerichtshilfen, in deren Zuständigkeitsbereich eine Ausdifferenzierung erfolgt ist, sind signifikant häufiger auch zufrieden mit den vorhandenen Angeboten.

**Tabelle 21: Anteil der Jugendhilfen im Strafverfahren mit einer Ausdifferenzierung des Angebots (n= 207)**

| Angebote sind ... | Insgesamt | Ost | West |
|---|---|---|---|
| ... deliktbezogen* | 54 % | 32 % | 57 % |
| ... zielgruppenspezifisch | 55 % | 60 % | 54 % |
| ... präventiv | 41 % | 36 % | 42 % |
| ... anders | 9 % | 8 % | 9 % |

* Ost-West-Unterschiede signifikant auf 5 % Niveau

Quelle: Jugend*gerichts*hilfeb@rometer, DJI 2011

Jene Jugendgerichtshilfen, die die Angebotsstruktur jedoch als unzureichend bewerten, geben häufiger an, dass in den letzten zwei Jahren Angebote weggefallen sind. Insgesamt handelt es sich hier um eine kleine Gruppe von Jugendgerichtshilfen, die in den letzten zwei Jahren auf Angebote verzichten mussten (9 %). Zu dieser Gruppe gehören vor allem Jugendamtsbezirke in ostdeutschen Bundesländern. Eine mögliche Ursache könnte die demografische Entwicklung mit einem Rückgang der Anzahl an Jugendlichen sein. Bei einem Rückgang der Anzahl der in einer Region lebenden Jugendlichen ist auch ein Rückgang an Straftaten zu erwarten, was wiederum Auswirkungen auf die Quantität der Angebote plausibilisieren würde. Allerdings lässt sich empirisch kein direkter Zusammenhang zwischen einem Rückgang der Zahl der Jugendlichen und dem Wegfallen von Angeboten zeigen. Offenbar scheint die demografische Entwicklung allenfalls ein Faktor in einer Reihe von Faktoren zu sein, die für Kürzungen in der Jugendgerichtshilfe Relevanz entfalten. Auf die Vielfalt der Angebote dürfte es sich allerdings nicht auswirken, da die sinkende Anzahl an Fällen kein Argument sein kann, insgesamt die Angebotsstruktur einzuschränken.

Mehr als die Hälfte der Jugendgerichtshilfen ist der Ansicht, dass die bereitgestellten Kapazitäten die Nachfrage abdecken. 42 % der Jugendgerichtshilfen haben jedoch angegeben, dass es Angebote gibt, bei denen die Nachfrage die Kapazitäten deutlich übersteigt. Dies ist insbesondere bei Arbeitsweisungen bzw. -auflagen (bzw. Plätze für Sozialstunden) der Fall. Die Arbeitsweisungen/-auflagen sind die am häufigsten in Anspruch genommenen ambulanten Angebote, die auch in nahezu allen Jugendamtsbezirken vorhanden sind (Gadow et al. 2011). Offensichtlich ist jedoch der Bedarf noch größer. Dies mag daran liegen, dass für die Jugendgerichte diese Sanktion insofern naheliegend ist, da der Umfang der Arbeitsstunden im Gegensatz zu anderen Weisungen vergleichsweise einfach, und zwar proportional zur Tatschwere gestuft werden kann. Im Vordergrund stünde dann eher die Bestrafung als der Erziehungsgedanke. Dabei muss jedoch berücksichtigt werden, dass in der Praxis häufig nicht zwischen Arbeitsweisungen (§ 10 JGG), die pädagogisch begleitet sein sollen, und Arbeitsauflagen (§ 15 JGG) als Zuchtmittel unterschieden wird: Vielmehr wird eine bestimmte Anzahl von Arbeitsstunden verhängt, was letztlich zu einer geringeren pädagogischen Orientierung dieser Sanktion führt. Dies könnte auch eine mögliche Erklärung für die unten aufgeführten Abbrüche von Arbeitsweisungen und -auflagen sein, die auch zum Freiheitsentzug in Form von Ungehorsamsarresten führen können.

Ähnlich häufig werden von den Jugendgerichtshilfen auch fehlende Soziale Trainingskurse genannt. Unzureichende Kapazitäten werden auch für Anti-Gewalt-Trainings und Anti-Aggressivitätstrainings konstatiert. Eine höhere Nachfrage im Verhältnis zu den vorhandenen Kapazitäten wird vor allem von jenen Jugendgerichtshilfen vermerkt, die in den letzten zwei Jahren einen Wegfall von Angeboten zu verzeichnen hatten. Am häufigsten sind Soziale Trainingskurse weggefallen. Dies kann als deutlicher Hinweis gesehen werden, dass Angebotskürzungen nicht bedarfsorientiert vorgenommen wurden.

Dass über ein Viertel der Jugendgerichtshilfen die Angebotsstruktur als unzureichend einschätzt, weist auf Probleme hin: Offenbar ist es nicht in erwünschtem Maße möglich, tatsächlich immer passende Maßnahmen für die Jugendlichen vorhalten und so einen Freiheitsentzug vermeiden zu können.

Das Jugendgerichtshilfeb@rometer hat über die allgemeine Angebotsstruktur hinaus nach spezifischen Angeboten gefragt: Von Interesse waren hier die Bereiche U-Haftvermeidung, Täter-Opfer-Ausgleich, Betreuungsangebote der Jugendgerichtshilfen im und nach dem Strafvollzug sowie Bereitschaftsdienste (vgl. Tabelle 22).

**Tabelle 22: Ausgewählte Angebote im Ost-West-Vergleich (Anteil der Jugendhilfen im Strafverfahren, in denen das Angebot vorhanden ist)**

| Angebote | Insgesamt | Ost | West |
|---|---|---|---|
| Im Jugendamtsbezirk gibt es Möglichkeiten für einen Täter-Opfer-Ausgleich. | 91 % | 92 % | 90 % |
| Ein ausreichendes Angebot an Plätzen in Jugendhilfeeinrichtungen zur U-Haftvermeidung bzw. -verkürzung ist vorhanden. | 66 % | 83 % | 62 % |
| Es gibt ein Betreuungsangebot der JGH für Jugendliche im und nach dem Strafvollzug. | 49 % | 85 % | 42 % |
| Es gibt eine Rufbereitschaft/einen Bereitschaftsdienst für die JGH. | 23 % | 26 % | 22 % |

Quelle: Jugendgerichtshilfeb@rometer, DJI 2011

Hier wird deutlich, dass in 91 % der Jugendamtsbezirke die Möglichkeit für einen Täter-Opfer-Ausgleich vorhanden ist. Dabei sind jedoch keine Schlüsse dahin gehend möglich, ob die prinzipielle Gelegenheit zum Täter-Opfer-Ausgleich auch tatsächlich genutzt wird (vgl. Hüncken 2010). Die Daten legen jedoch nahe, dass es immerhin keine Diskrepanz zwischen Nachfrage und Kapazitäten zu geben scheint: Die Jugendgerichtshilfen geben nur selten an, dass die Nachfrage die Kapazitäten dieses

Angebots übersteigt. Zwar ist so das Angebot nahezu flächendeckend verfügbar, gleichwohl wird aber nach wie vor von der Fachdiskussion eine wesentlich häufigere Anwendung gewünscht – insbesondere unter der ansonsten im Jugendstrafverfahren eher sekundären Opferperspektive.

Nur in zwei Drittel der Jugendamtsbezirke (66 %) schätzen die Jugendgerichtshilfen das Angebot an Plätzen in Jugendhilfeeinrichtungen zur U-Haftvermeidung bzw. -verkürzung als ausreichend ein. D. h. in einem Drittel reichen die Angebote nicht aus. Dies ist ein kritischer Befund, da so das unbestrittene Ziel der größtmöglichen Vermeidung von Untersuchungshaft, als besonders schädliche Form des Freiheitsentzuges für Jugendliche, nicht erreicht werden kann. Ein Betreuungsangebot der Jugendhilfen im Strafverfahren für Jugendliche im und nach dem Strafvollzug existiert nur in knapp der Hälfte (49 %) der Jugendamtsbezirke. Auch dieser Befund ist fachlich zu kritisieren, da die Betreuung dieser jungen Menschen wichtige Weichen für die künftige Entwicklung stellt (vgl. Mollik 2009; Petran o. J.). Die Betreuung der Jugendlichen ist teilweise aufgrund weiter Entfernungen zu den Justizvollzugsanstalten zeitaufwendig. Offenbar können die Jugendgerichtshilfen im Osten in Bezug auf diese beiden Angebotsformen auf eine deutlich bessere Ausstattung zurückgreifen. Ein Betreuungsangebot für Jugendliche im und nach dem Strafvollzug gibt es zudem signifikant häufiger in kreisfreien Städten als in Landkreisen, außerdem häufiger in Landkreisen mit mehr als 200.000 Einwohnerinnen und Einwohnern als in kleinen Landkreisen. Offenbar führt eine größere Anzahl von Fällen eher dazu, dass ein solches Angebot vorgehalten wird.

Nur in etwas mehr als einem von fünf Jugendamtsbezirken (23 %) existiert eine Rufbereitschaft/ein Bereitschaftsdienst für die Jugendgerichtshilfe. Insbesondere um in Krisensituationen schnell handlungsfähig zu sein und frühzeitig eine U-Haftvermeidung organisieren zu können, wäre eine Rufbereitschaft in allen Jugendamtsbezirken notwendig.

Eine kleine Gruppe von 3 % der Jugendhilfen im Strafverfahren kann auf keines der in Tabelle 22 aufgeführten Angebote zurückgreifen. Diese Jugendgerichtshilfen liegen alle in westdeutschen Bundesländern und befinden sich in eher kleineren Jugendamtsbezirken unter 50.000 Einwohner/innen.

Abbrüche von ambulanten Maßnahmen können Hinweise auf unterschiedliche Problematiken geben: Wenn ambulante Maßnahmen durch einen Jugendlichen/eine Jugendliche abgebrochen werden, kann dies z. B.

dadurch begründet sein, dass die Maßnahme vorher nicht ausreichend mit ihm/ihr besprochen wurde, nicht zu seiner/ihrer Lebenssituation passt oder ihm/ihr die Tragweite eines Abbruchs nicht richtig vermittelt wurde. Dies wären Anhaltspunkte für Verbesserungsmöglichkeiten vor und während der Hauptverhandlung und der Vermittlung des Urteils. Darüber hinaus kann der Abbruch einer ambulanten Maßnahme auch ein Indikator für eine mangelhafte Durchführung und pädagogische Betreuung sein. Danach befragt, ob bzw. wie häufig es zu einem Abbruch von ambulanten Maßnahmen wie z. B. Arbeitsweisungen und -auflagen, Sozialen Trainingskursen, Täter-Opfer-Ausgleich und Betreuungsweisungen kommt, weisen die Antworten der Jugendgerichtshilfen auf einen fachlich problematischen Befund hin (vgl. Tabelle 23).

**Tabelle 23: Anteil der Jugendhilfen im Strafverfahren nach der Häufigkeit des Abbruchs von ambulanten Maßnahmen**

| Abbruch der Maßnahme | Nie | Selten | Manchmal | Häufig |
|---|---|---|---|---|
| Arbeitsweisungen/-auflagen | <1 % | 19 % | 56 % | 25 % |
| Soziale Trainingskurse | 9 % | 51 % | 36 % | 4 % |
| Täter-Opfer-Ausgleich | 13 % | 66 % | 20 % | 1 % |
| Betreuungsweisungen | 17 % | 60 % | 21 % | 2 % |

Quelle: Jugend*gerichts*hilfeb@rometer, DJI 2011

Ein Viertel der Jugendhilfen im Strafverfahren (25 %) konstatiert, dass Arbeitsweisungen/-auflagen häufig abgebrochen werden. Hinzu kommen 56 % der Jugendgerichtshilfen, die angeben, dass dies manchmal der Fall ist. Vor dem Hintergrund, dass Arbeitsweisungen/-auflagen die am häufigsten verhängten Maßnahmen sind, ist dies ein sehr bedenkliches Ergebnis. Zum Ausdruck kommen die bereits oben erwähnten Probleme: auf der Ebene der Sanktionsverhängung die sogenannten „Sanktionscocktails" und die sehr hohen Stundenzahlen und auf der Ebene der Durchführung die mangelnde pädagogische Begleitung. Auch bei den Sozialen Trainingskursen haben rund 40 % der Jugendgerichtshilfen angeführt, dass diese häufig oder manchmal abgebrochen werden. Diese beiden Befunde lassen Zweifel daran aufkommen, inwiefern es die Jugendgerichte erreichen, eine passende Maßnahme und wenn ja, auch in einem für den Jugendlichen oder die Jugendliche ableistbaren Umfang zu erteilen. Verbunden ist damit die Frage, inwieweit es den Jugendgerichtshilfen auch tatsächlich gelingt, ihr pädagogisches Fachwissen in Abstimmung mit dem/der Jugendlichen in der Hauptverhandlung z. B. im Rahmen der Maßnahmenvorschläge einbringen zu können.

Der insgesamt hohe Anteil an abgebrochenen Maßnahmen ist ein deutlicher Hinweis darauf, dass es hier noch erheblichen Verbesserungsbedarf gibt. Denn die Folge von abgebrochenen ambulanten Maßnahmen ist häufig der Beuge- oder Ungehorsamsarrest. Damit wird intendiert, den Druck auf den Verurteilten zu erhöhen, z. B. die erteilten Arbeitsstunden auch tatsächlich abzuleisten. In diesen Fällen führen die ambulanten Maßnahmen dann zu dem, was sie ursprünglich verhindern sollten, nämlich zu Freiheitsentzug durch Arrest. Der auf Abschreckung setzende Arrest ist jedoch aufgrund der im Vergleich höheren Rückfallquoten und seines geringen erzieherischen Potenzials fachlich seit Jahren in der Kritik (vgl. Jehle et al. 2003; Jehle et al. 2010; Thalmann 2011). Abbrüche von ambulanten Maßnahmen könnten zudem Vorbehalte seitens der Justiz bezüglich ambulanter Maßnahmen stärken.

Eine bundesweite statistische Auswertung über Ausmaß und Hintergründe des Beugearrests gibt es nicht. Laut Schätzungen liegt der Anteil des Ungehorsamsarrests derzeit regional unterschiedlich zwischen 40 % und 70 % aller zu vollstreckenden Arreste in den einzelnen Arrestanstalten – eine fachlich sehr bedenkliche Größenordnung (vgl. auch Thalmann 2011).[16] Die Befunde des Jugend*gerichts*hilfeb@rometers zeigen zudem, dass die Anzahl der verhängten Ungehorsamsarreste im Zeitraum von 2007 auf 2008 insgesamt noch zugenommen hat (vgl. Tabelle 24).

**Tabelle 24: Einschätzung der Jugendgerichtshilfen über die Verhängung von Ungehorsamsarrest**

| Anzahl der verhängten Ungehorsamsarreste | Anteil der Jugendamtsbezirke |
|---|---|
| … hat zugenommen | 37 % |
| … ist gleich geblieben | 60 % |
| … hat abgenommen | 3 % |

Quelle: Jugend*gerichts*hilfeb@rometer, DJI 2011

In über einem Drittel der Jugendamtsbezirke (37 %) ist nach Einschätzung der Jugendgerichtshilfen die Anzahl der Ungehorsamsarreste gestiegen. Ein signifikanter Zusammenhang lässt sich in den Jugendamtsbezirken

---

16 Die Arbeitsstelle Kinder- und Jugendkriminalitätsprävention hat – nicht zuletzt aufgrund der Befunde des Jugend*gerichts*hilfeb@rometers – eine Recherche zum Ausmaß von Ungehorsamsarrest vergeben, da es auf Bundesebene keine Statistik über diese Form des Freiheitsentzuges gibt. Die Befunde werden aktuell aufbereitet und werden im Laufe des Jahres 2011 zur Verfügung stehen.

herstellen, in denen häufig Arbeitsweisungen/-auflagen abgebrochen werden. In diesen Regionen ist auch die Anzahl der verhängten Ungehorsamsarreste gestiegen. 60 % der Jugendhilfen im Strafverfahren geben an, die Verhängung der Ungehorsamsarreste sei „gleich geblieben" und 3 % gelangen zu dem Ergebnis, dass die Anzahl der verhängten Ungehorsamsarreste „kleiner geworden" ist. Der in der Gesamtbilanz sichtbar gewordene Anstieg der Ungehorsamsarreste lässt Sorge darüber aufkommen, ob der Standard gehalten werden kann, Freiheitsentzug nach Möglichkeit durch ambulante Alternativen zu vermeiden. Thalmann (2011), langjährige Leiterin der Jugendarrestanstalt Müllheim, spricht im Zusammenhang der Beschlüsse zu Ungehorsamsarresten „von ‚der Unerbittlichkeit der Justiz' oder von der ‚unheiligen Allianz zwischen Jugendgerichtshilfe und Justiz'" (Hervorhebung im Original), z. B. indem auch die Jugendgerichtshilfen den Jugendarrest instrumentalisieren, um ambulante Maßnahmen durchzusetzen.

Neben der zentralen Fallarbeit übernehmen die Jugendgerichtshilfen nicht selten auch die Zuständigkeit für weitere Aufgabenbereiche, wie z. B. für die Informationsvermittlung an Schulen und an Einrichtungen der Jugendarbeit für strafunmündige Kinder oder für die Weiterbildung von Mitarbeitern und Mitarbeiterinnen in der Kinder- und Jugendhilfe, der Justiz und an Schulen (vgl. Tabelle 25).

**Tabelle 25: Zuständigkeit der Jugendhilfe im Strafverfahren für ausgewählte Aufgabenbereiche**

| Aufgabenbereiche | Insgesamt | JGH eigenständig | JGH im ASD |
|---|---|---|---|
| Angebote für strafunmündige Kinder und deren Eltern | 33 % | 26 % | 51 % |
| Informationsvermittlung an Schulen / Einrichtungen der Jugendarbeit | 61 % | 70 % | 39 % |
| Weiterbildung von MitarbeiterInnen in der Kinder- und Jugendhilfe, der Justiz oder von Schulen | 12 % | 12 % | 8 % |
| Keine dieser Aufgaben | 20 % | 22 % | 17 % |

Quelle: Jugendgerichtshilfeb@rometer, DJI 2011

Nur 20 % der Jugendhilfen im Strafverfahren geben an, für keine dieser Aufgaben zuständig zu sein. Es zeigt sich also, dass die Mehrheit der Jugendhilfen im Strafverfahren neben der Fallarbeit weitere wichtige Tätigkeiten übernimmt, die – selbst unter der Annahme, dass der zeitliche Aufwand für diese Aufgaben eher geringer ist – ebenfalls im Rahmen der vorhandenen Ressourcen bewältigt werden muss.

Die Daten des Jugend*gerichts*hilfeb@rometers hinsichtlich weiterer Aufgaben weisen vor allem bezogen auf „Angebote für strafunmündige Kinder und deren Eltern" auf einen interessanten Befund hin: Ein Drittel aller Jugendhilfen im Strafverfahren gibt an, für den Aufgabenbereich „Angebote für strafunmündige Kinder und deren Eltern" zuständig zu sein. Wenn die Jugendgerichtshilfe im ASD integriert ist, ist dies sogar bei über der Hälfte (51 %) der Fall. Aber auch über ein Viertel der spezialisierten Jugendgerichtshilfen erklärt sich zuständig für Angebote für unter 14-Jährige. Insbesondere der letztgenannte hohe Anteil auch bei den eigenständigen Jugendgerichtshilfen überrascht, da hier das Jugendstrafverfahren und die Kooperation mit der Justiz in diesen Fällen keine Rolle spielt, sondern vielmehr die Elternarbeit zentral ist. Denn es ist durchaus denkbar, dass für die Arbeit mit Eltern bereits sowohl der Begriff Jugendhilfe im Strafverfahren als auch Jugendgerichtshilfe Irritationen auslöst und in Bezug auf Kinderdelinquenz unnötig dramatisierend wirken und die Kooperationsbereitschaft beeinträchtigen kann. Ist die Jugendhilfe im Strafverfahren im ASD angesiedelt, ist die Prüfung anlässlich der Delinquenz, ob ein erzieherischer Bedarf vorliegt, aus der Sicht der Familien vermutlich ein deutlich weniger stigmatisierender Vorgang. Gleichwohl ist aber auch hier bekannt, dass seitens der Eltern die Kontaktaufnahme des ASD neben dem Wunsch nach Unterstützung auch Ambivalenzen bis hin zu Befürchtungen und Angst vor ungerechtfertigter Einmischung und Kontrolle hervorrufen kann (vgl. Hoops et al. 2001).

Zusammengenommen verdeutlichen die Ergebnisse, dass die meisten Jugendgerichtshilfen zwar mit dem vorhandenen Angebotsspektrum zufrieden sind, aber auch Lücken deutlich werden. Dabei gibt es Anhaltspunkte dafür, dass deliktbezogene und sanktionierende Maßnahmen relevanter werden, als es unter einer pädagogischen, auf den einzelnen Jugendlichen bezogenen Perspektive wünschenswert wäre. Eine mögliche Folge und gleichzeitig Ausdruck einer stärker sanktionierenden Strafpraxis ist der berichtete Anstieg der Ungehorsamsarreste.

# 6 Jugendhilfe im Strafverfahren in der Einwanderungsgesellschaft

Deutschland ist eine Einwanderungsgesellschaft – rund ein Fünftel der Bevölkerung hat einen Migrationshintergrund.[17] Unter jungen Menschen ist der Anteil der Personen mit Migrationshintergrund höher: 25 % der männlichen Jugendlichen und 24 % der weiblichen Jugendlichen im Alter von 15 bis 25 Jahren haben einen Migrationshintergrund (Statistisches Bundesamt 2010a: 7, 68f., 76f.; eigene Berechnungen). In westdeutschen Großstädten und Ballungszentren ist dieser Anteil erheblich höher.

Aus Daten des Statistischen Bundesamts geht ebenfalls hervor, dass der Ausländeranteil bei Strafgefangenen sich deutlich überproportional zu ihrem Bevölkerungsanteil darstellt (Statistisches Bundesamt 2010b: 14f.). In Deutschland betrifft dies vor allem Personengruppen mit prekärem rechtlichen und gesellschaftlichen Status, resp. junge Männer mit türkischem und russlanddeutschem Hintergrund (vgl. Walter 2010). Die mutmaßlichen Gründe hierfür sind vielschichtig: Sie sind einerseits in den Lebenslagen von Jugendlichen mit Migrationshintergrund zu suchen, andererseits sicherlich auch in den institutionellen Reaktionen und Umgangsweisen etwa von Polizei, Staatsanwaltschaft und Gerichten (vgl. auch BMI/BMJ 2006: 420, 426; Holthusen 2009; Walter 2010). Als Teil der Kinder- und Jugendhilfe hat die Jugendhilfe im Strafverfahren den Auftrag, Ungleichbehandlungen entgegenzuwirken. Es gibt jedoch deutliche Hinweise darauf, dass es trotz des breiten Spektrums an vorhandenen Angeboten und Strategien offenbar noch nicht überall hinreichend gelungen ist, Jugendliche mit Migrationshintergrund mit den Angeboten der Jugendhilfe im Strafverfahren zu erreichen und so auch (weiteren) Straftaten präventiv zu begegnen. Nicht selten wird seitens der Fachpraxis von Zugangsschwierigkeiten und Akzeptanzproblemen berichtet. Die Vermutung liegt nahe, dass – gerade weil junge Menschen mit Migrationshintergrund nicht zuletzt auch aufgrund ihrer Anzahl eine durchaus relevante Zielgruppe für die Jugendhilfe im Strafverfahren darstellen – eine Passung der Angebote für diese Zielgruppe nicht gegeben ist. Ein intensiver

---

17 Laut Definition des Statistischen Bundesamts zählen zu den Menschen mit Migrationshintergrund „alle nach 1949 auf das heutige Gebiet der Bundesrepublik Deutschland Zugewanderten, sowie alle in Deutschland geborenen Ausländer und alle in Deutschland als Deutsche Geborenen mit zumindest einem zugewanderten oder als Ausländer in Deutschland geborenen Elternteil" (Statistisches Bundesamt 2010a: 6).

Reflexionsprozess zur Verbesserung der Passung des Angebots erscheint daher dringend geboten.[18]

Es gehört zu den Grundprinzipien sozialer Arbeit, beim Zugang zu Adressaten und beim pädagogischen Umgang mit ihnen ihre konkreten Lebensumstände mit einzubeziehen. Wenn die Migrationserfahrungen oder Diskriminierungserfahrungen ihrer Adressaten Relevanz für die Bewertung der Straftat, für die Ausgestaltung der Angebote der Jugendhilfe im Strafverfahren oder für präventive Maßnahmen haben, dann müsste die Jugendhilfe im Strafverfahren dies auch angemessen berücksichtigen. Gerade wenn es um abweichendes Verhalten und Kriminalität geht, ist in der öffentlichen Diskussion, in Politik und Medien eine Ethnisierung von eigentlich sozialen Problemen nicht selten. Die „gedankliche Verbindung" zwischen Migration und Delinquenz hat sich schon lange zum Stereotyp verfestigt (Hamburger 2000: 18), der Blick auf die individuellen Hintergründe von Straftaten und auf den erzieherischen Bedarf droht verloren zu gehen. Die Jugendhilfe im Strafverfahren steht also wie auch andere Bereiche sozialer Arbeit vor der Herausforderung, die Migrationshintergründe und -erfahrungen sowie andere Erfahrungen und Lebensumstände ihrer Adressaten aufzugreifen, ohne in die Falle der Kulturalisierung und Ethnisierung zu stolpern und die Jugendlichen nur noch als Repräsentanten einer Gruppe – „der Migranten" – zu betrachten und ohne bei der Problemanalyse zu „kollektiven, herkunftsbezogenen, meist kulturell oder religiös begründeten Erklärungsmustern" (Hahn 2008: 56) zu greifen.

Ein migrationssensibler Umgang mit straffällig gewordenen Jugendlichen ist nicht allein eine Herausforderung für die Fachlichkeit einzelner Mitarbeiter/innen in der Jugendhilfe im Strafverfahren. Sie kann vielmehr in den Kontext einer übergreifenden „interkulturellen Öffnung" gestellt werden, die die Organisation der Sozialen Dienste, des Jugendamts und auch der Jugendhilfe im Strafverfahren als Ganzes betrifft. Die

---

18 Die Arbeitsstelle Kinder- und Jugendkriminalitätsprävention bereitet aktuell einen neuen Band in ihrer Publikationsreihe vor, der sich mit den Herausforderungen der Kinder- und Jugendkriminalitätsprävention in der Einwanderungsgesellschaft befassen wird. Im Fokus steht die Frage, wie die Kinder- und Jugendhilfe im Blick auf den Umgang mit straffällig gewordenen Jugendlichen mit Migrationshintergründen aufgestellt ist (Angebotsstruktur), resp. welche Strategien es gibt, die sich gezielt und bewährt auf diese Zielgruppen beziehen und wo Herausforderungen bestehen, die den differenzierten Lebenslagen Rechnung tragen und der Exklusion von Jugendlichen (mit und ohne Migrationshintergründen) entgegenwirken (Holthusen 2009; Hoops 2010).

interkulturelle Öffnung der Regelangebote der Kinder- und Jugendhilfe wird seit den 1990er Jahren diskutiert (Hamburger 2005: 94; Eppenstein/ Kiesel 2008: 50ff.), wobei mehrere Aspekte thematisiert werden: erstens die Personalentwicklung (z. B. die Beschäftigung von Personal mit Migrationshintergrund und der Stellenwert interkultureller Kompetenzen etwa bei Fortbildungen und bei der Einstellung von Mitarbeitern und Mitarbeiterinnen), zweitens der Stellenwert interkultureller Fragestellungen bei der Konzipierung von Angeboten und bei der Gestaltung von Zugängen, drittens die Verbreitung spezialisierter Einrichtungen und Dienste wie der Jugendmigrationsdienste und viertens die Einbeziehung von Migrantenselbstorganisationen.

Vor dem Hintergrund dieses hier nur kurz umrissenen Problemhorizonts ist das Jugend*gerichts*hilfeb@rometer der Frage nachgegangen, ob und inwiefern das Thema „Migration" in den Jugendgerichtshilfen eine Rolle spielt und ob Jugendliche mit Migrationshintergrund als besondere Herausforderung betrachtet werden – z. B. beim Zugang, im Kontext des Gerichtsverfahrens oder bei der Ausgestaltung von Angeboten. Es wurde in den Blick genommen, ob in der Jugendhilfe im Strafverfahren Fachkräfte mit Migrationshintergrund beschäftigt sind, ob spezielle Angebote für Adressaten mit Migrationshintergrund existieren und schließlich, inwieweit weitere Organisationen in die Arbeit mit den Jugendlichen mit Migrationshintergrund einbezogen werden, um so den Zugang zu verbessern. Dabei sind wir uns der begrifflichen Problematik, die sich mit dem Terminus „Jugendliche mit Migrationshintergrund" verbindet, durchaus bewusst. Mit dem Begriff wird eine vermeintlich homogene Gruppe von Jugendlichen konstruiert, die aber so nicht existiert. Vielmehr verbergen sich hinter dieser „Definition" sehr unterschiedliche Biografien und Lebenslagen. Darüber hinaus besteht insbesondere im Kontext der Kriminalität das Risiko, mit dieser Form der Thematisierung das Problem in nicht gerechtfertigter Weise zu ethnisieren und damit eine Stigmatisierung zu befördern. Die Verwendung des Terminus „Migrationshintergrund" erfolgt daher in diesem Band lediglich vor dem Hintergrund, dass es bislang noch nicht gelungen ist, einen Begriffsrahmen zu finden, der den zu beschreibenden Gegenstand begrifflich sowohl präzise wie auch in seiner Bandbreite angemessen abzubilden vermag. Nicht zuletzt deshalb, weil Jugendliche mit Migrationshintergründen eine nicht nur quantitativ durchaus bedeutsame Adressatengruppe der Jugendgerichtshilfe darstellen, die teilweise besondere Voraussetzungen mitbringen, zusätzliche Belastungen aufweisen und möglicherweise schwieriger zugänglich sind, ist es u. E. nach dringend notwendig, in der Fachdiskussion stärker als bislang geschehen auf die mit „Migration" verbundenen Problemstellungen hinzuweisen und für möglicherweise folgenreiche Vereinfachungen zu sensibilisieren.

Fast die Hälfte der Jugendgerichtshilfen hat angegeben, dass der Anteil der Jugendlichen mit Migrationshintergrund bezogen auf alle Jugendlichen, gegen die die Staatsanwaltschaft ein Verfahren eingeleitet hat, 20 % und mehr beträgt (Stichtag 01.04.2009). Dabei wird keine Migrantengruppe im Blick auf eine besondere Herausforderung für die Arbeit herausgehoben. Die Angaben hierzu – genannt werden z. B. Jugendliche aus der ehemaligen Sowjetunion, Aussiedlerjugendliche und Türken – variieren vielmehr sehr stark und dürften vor allem mit den Gegebenheiten vor Ort zusammenhängen. 37 % der Jugendgerichtshilfen haben angegeben, dass „keine Migrantengruppe" eine besondere Herausforderung darstellt. Diese Befunde machen deutlich, dass der Umgang mit Jugendlichen mit Migrationshintergrund inzwischen vielfach zum Alltag der Jugendgerichtshilfen gehört, wobei allerdings durchaus denkbar ist, dass ein nicht unerheblicher Teil der Jugendlichen mit Migrationshintergrund nicht von den Jugendhilfen im Strafverfahren erreicht wird und damit auch nicht als Herausforderung wahrgenommen wird.

## 6.1 Institutioneller Umgang mit Jugendlichen mit Migrationshintergrund

Die Beschäftigung von Personal mit Migrationshintergrund wird als eine Strategie diskutiert, leichter Zugang zu Jugendlichen mit Migrationshintergrund und ihren Familien zu finden. Zudem erhofft man sich davon eine erhöhte Sensibilität in der Jugendhilfe im Strafverfahren für Migrationserfahrungen, die im Hilfeverlauf, im Kontext des Gerichtsverfahrens und bei der Ausgestaltung der Hilfen, etwa in der Zusammenarbeit mit Eltern, genutzt werden kann. Dabei ist zu bedenken, dass ein Migrationshintergrund für sich genommen noch kein hinreichendes Qualitätskriterium darstellt. Auch wenn die mit einem Migrationshintergrund möglicherweise verbundenen Differenzerfahrungen durchaus zu einem Verständnis beitragen können, dass Weltdeutungen plural sind und diese somit auch die sozialpädagogische Professionalität erhöhen können, so sind diese Differenzerfahrungen nicht unweigerlich mit einer besonderen Differenzsensibilität verbunden (vgl. Braun 2009). Gleichzeitig bietet die Beschäftigung von Mitarbeitern und Mitarbeiterinnen mit Migrationshintergrund im gemeinsamen Team die Chance für interkulturelle Lernerfahrungen der anderen Mitarbeiter/innen. Das nachfolgende Zitat verdeutlicht, dass in der Fachpraxis durchaus Zweifel an der Praktikabilität dieser Strategie bestehen:

*„Also der Anteil der Mitarbeiter mit Migrationshintergrund, [...], spielt zwar schon 'ne Rolle vielleicht für das Klientel, die sich da vielleicht anders aufgehoben fühlen, aber nicht im umgekehrten Sinne für die Mitarbeiter, dass die sich dem Thema mehr annähern können. Das glaube ich nicht. Aber es gibt auch genauso gut Familien [...] mit Migrationshintergrund, die gerade nicht zu dem Sozialarbeiter mit Migrationshintergrund möchten, weil da eher auch dann Einblicke möglich sind, die die gar nicht wollen, dass die jemand hat, während die Deutschen sich in der Kultur nicht so auskennen. Und denen kann man vielleicht eher auch noch was vorspielen, oder die reagieren da anders, vielleicht auch manchmal respektvoller [...]."*

(Teilnehmer Validierungsworkshop)

In 15 % der Jugendgerichtshilfen arbeiten Fachkräfte mit Migrationshintergrund. In Ostdeutschland liegt der Anteil bei 6 %, in Westdeutschland bei 17 %. In Ostdeutschland ist damit signifikant seltener Personal mit Migrationshintergrund im Bereich der Jugendgerichtshilfe beschäftigt, was angesichts des geringen Bevölkerungsanteils von Menschen mit Migrationshintergrund in Ostdeutschland auch nicht erstaunt. Im Vergleich zu anderen Arbeitsfeldern der Kinder- und Jugendhilfe ist der Anteil der Jugendgerichtshilfen mit Mitarbeitenden mit Migrationshintergrund vergleichsweise gering[19], was sich möglicherweise auch daraus erklären lässt, dass es sich bei den Jugendhilfen im Strafverfahren eher um kleine Arbeitseinheiten mit wenig Fluktuation handelt (vgl. Kapitel 3.4). Vor diesem Hintergrund ist die Beschäftigung von Personal mit Migrationshintergrund eher als eine langfristige Strategie zu bewerten, die darüber hinaus nicht zuletzt abhängig ist von den auf dem Arbeitsmarkt zur Verfügung stehenden Fachkräften, wie auch nachfolgendes Zitat zeigt:

*„Das ist unglaublich schwierig, seit zwei Jahren, Personal zu kriegen, geschweige denn, dass Sie dann noch Wünsche anmelden können: Männlein, Weiblein oder ein Land, aus dem die kommen."*

(Teilnehmerin Validierungsworkshop)

Im Rahmen der Erhebung bei den Jugendhilfen im Strafverfahren wurde danach gefragt, ob spezielle Angebote für Jugendliche mit Migrationshintergrund vorgehalten werden oder spezialisierte Zuständigkeiten für diese Adressatengruppe geschaffen wurden. Berührt ist damit die

---

19 DJI-Befragung bei stationären Einrichtungen der Hilfen zur Erziehung: 28 % (www.dji.de/jhsw), Kindertageseinrichtungen: 33 % (Peucker et al. 2010).

Diskussion um Spezialangebote für Adressaten mit Migrationshintergrund gegenüber einer interkulturellen Öffnung der Regelangebote (Eppenstein/ Kiesel 2008: 57ff.). Ein Vorteil spezieller Angebote kann sein, kompetenter auf spezifische Bedürfnisse der Klientel eingehen zu können oder möglicherweise besser Zugang zu einer bestimmten Zielgruppe zu finden. Gleichzeitig könnte damit das Risiko einhergehen, dass die Jugendlichen als „Migranten" abgestempelt werden oder sich selbst als solche wahrnehmen.

**Tabelle 26: Strategien im Umgang mit Jugendlichen mit Migrationshintergrund differenziert nach dem Anteil der Jugendlichen mit Migrationshintergrund im Strafverfahren**

| % der Jugendhilfen im Strafverfahren geben an: | Insgesamt | Anteil kleiner als 20 % | Anteil 20 % und mehr |
|---|---|---|---|
| Migrantenorganisationen werden bei der Angebotsgestaltung einbezogen. | 19 % | 20 % | 16 % |
| Es gibt Personal mit Migrationshintergrund in der JGH. | 15 % | 11 % | 20 % |
| Es gibt spezielle Angebote für Jugendliche mit Migrationshintergrund. | 11 % | 9 % | 13 % |
| Es existieren spezialisierte Zuständigkeiten für Migrant/innen in der JGH. | 2 % | 1 % | 2 % |

Lesehinweis: 16 % der Jugendgerichtshilfen, deren Klientel zu mehr als 20 % aus Jugendlichen mit Migrationshintergrund besteht, beziehen Migrantenorganisationen bei der Angebotsgestaltung ein.

Quelle: Jugend*gerichts*hilfeb@rometer, DJI 2011

Nur in 11 % aller Jugendgerichtshilfen gibt es spezielle Angebote für Jugendliche mit Migrationshintergrund, wobei sie in kreisfreien Städten häufiger (22 %) anzutreffen sind als in Landkreisen (6 %) (vgl. Tabelle 26). Spezialisierte Zuständigkeiten für diese Zielgruppe wurden nur sehr vereinzelt (2 %) genannt. Zum Vergleich: Immerhin 20 % der Jugendgerichtshilfen haben eine spezialisierte Zuständigkeit für den Täter-Opfer-Ausgleich und 9 % für Mehrfachtäter.

Insgesamt finden sich in den Daten des Jugend*gerichts*hilfeb@rometers vergleichsweise wenige Strategien, die spezifisch auf die Situation von

Jugendlichen mit Migrationshintergrund eingehen. Auch die Unterschiede zwischen den Jugendgerichtshilfen mit höherem und niedrigerem Anteil an Jugendlichen mit Migrationshintergründen fallen eher gering aus. Dies ist vor allem insofern bemerkenswert, da einerseits der Anteil von Jugendlichen mit Migrationshintergrund in westdeutschen Großstädten sehr hoch ist, und sie dort auch einen erheblichen Anteil der Klienten der Jugendgerichtshilfen, wie auch der Kinder- und Jugendhilfe insgesamt, stellen. Andererseits scheint diese Personengruppe in den Fachdebatten der Jugendgerichtshilfe eine im Vergleich zu anderen Feldern der Kinder- und Jugendhilfe eher untergeordnete Rolle zu spielen.

## 6.2 Kooperation mit Migrantenselbstorganisationen und spezialisierten Diensten

Auch die Kooperation mit spezialisierten Diensten wie den Jugendmigrationsdiensten oder Migrantenselbstorganisationen bietet Potenzial, den Zugang zu Jugendlichen mit Migrationshintergrund zu verbessern. Spezialdienste für Migranten und Migrantinnen wie Jugendmigrationsdienste oder die Beratungsangebote der Wohlfahrtsverbände für Migrantinnen und Migranten bestehen oftmals schon seit Jahrzehnten, haben viel Erfahrung und spezifisches Wissen. Migrantenselbstorganisationen engagieren sich ebenfalls schon seit Beginn der Arbeitsmigration im Nachkriegsdeutschland, die vorhandenen Ressourcen der ethnischen Communities werden aber von der Kinder- und Jugendhilfe erst langsam entdeckt (Schröer 2008: 34). Für die Jugendhilfe im Strafverfahren kann die Kooperation mit Migrantenselbstorganisationen wie dem örtlichen Moscheeverein[20], mit anderen Vereinen oder den Beratungsstellen Freier Träger also sehr lohnend sein, nicht zuletzt bei der Gestaltung der Angebote für straffällig gewordene Jugendliche.

Etwa jede fünfte Jugendgerichtshilfe (19 %) hat angegeben, dass sie zur Gestaltung der Jugendhilfeangebote Migrantenorganisationen einbindet. Bei der Frage, die auf Migrantenselbstorganisationen abzielte, haben sich viele Jugendhilfen im Strafverfahren nicht auf die Migranten*selbst*organisationen beschränkt und vor allem auch Organisationen für Migranten angegeben. Am häufigsten wurden Migrationsdienste oder

---

20 Die Polizei hat bereits vor Jahren diese Organisationen für die Zusammenarbeit „entdeckt". Unter anderen wurde bereits vor einigen Jahren unter dem Titel „Polizei und Moscheevereine" ein Leitfaden für Förderung der zunächst ungewöhnlichen Zusammenarbeit erstellt: www.bpb.de/files/0MQCWZ.pdf (Zugriff 22.2.2011).

Begegnungs- und Beratungsangebote für Migranten und Migrantinnen der Wohlfahrtsverbände genannt. Auch Integrationsbeauftragte und Vereine gehören zu den Kooperationspartnern der Jugendhilfe im Strafverfahren. Vergleichsweise selten arbeiten die Jugendhilfen im Strafverfahren bei der Angebotsgestaltung mit ethnischen Vereinen und Organisationen zusammen. Genannt werden in diesem Zusammenhang z. B. die örtliche muslimische Gemeinde oder Kulturvereine.

## 6.3 Zwischenfazit

Die vorliegenden Befunde verdeutlichen, dass nur bei einem kleinen Anteil der Jugendämter Personal mit Migrationshintergrund an den für die Jugendhilfe im Strafverfahren zuständigen Stellen beschäftigt ist. Migrantenorganisationen werden selten bei der Angebotsgestaltung einbezogen, es gibt kaum spezielle Angebote oder spezialisierte Zuständigkeiten für Jugendliche mit Migrationshintergrund. 59 % der befragten Jugendhilfen im Strafverfahren nennen keinen einzigen dieser Punkte, weitere 19 % nennen ausschließlich die Kooperation mit Migrantenorganisationen und lediglich 8 % der befragten Jugendgerichtshilfen nennen mehr als einen dieser Punkte.

Auch wenn der Anteil der Jugendlichen mit Migrationshintergrund, mit denen die Jugendgerichtshilfe zu tun hat, höher liegt, reagiert nur ein kleinerer Teil mit speziellen Angeboten, spezialisierten Zuständigkeiten oder der Einbindung von Migrantenselbstorganisationen. Lediglich hinsichtlich des Personals mit Migrationshintergrund lässt sich eine Differenz erkennen, wenn der Anteil der Adressaten mit Migrationshintergrund höher ist (vgl. Tabelle 26).

Spezialisierte Zugänge scheinen demnach nicht das favorisierte fachliche Vorgehen im Umgang mit Jugendlichen mit Migrationshintergrund zu sein, was die These stützt, dass der Strategie „Integration in Regelangebote" der Vorzug gegeben wird. Ob dieser Ansatz in der praktischen Umsetzung jeweils planvoll verfolgt wird und inwiefern es damit gelingt, einen sensiblen und angemessenen Umgang mit Migrations- und Diskriminierungserfahrungen von Adressaten zu entwickeln – beim Zugang, bei der Angebotsgestaltung und im Kontext des Gerichtsverfahrens – bleibt offen. Nachdenklich stimmt, dass gerade die Jugendhilfen im Strafverfahren, die mit einem hohen Anteil von Jugendlichen mit Migrationshintergrund (über 20 %) zu tun haben, weniger häufig an der Hauptverhandlung teilnehmen – möglicherweise werden hier Gelegenheiten, Zugang zu diesen Jugendlichen zu finden und deren Perspektiven einzubringen, verpasst.

# 7     Bilanz und fachliche Herausforderungen

Vor dem Hintergrund der Fachdiskussion um eine bedarfsgerechte Organisationsform, um Arbeitsweisen und das fachliche Selbstverständnis der Jugendhilfen im Strafverfahren lassen sich die Befunde des Jugend*gerichts*hilfeb@rometers wie folgt zusammenfassen:
Als zentrales Ergebnis kann festgehalten werden, dass die Jugendhilfe im Strafverfahren sich selbst als Bestandteil der Jugendhilfe verortet. Gegenüber der Justiz hat sie eine eigenständige und profilierte Position – dies gilt im Großen und Ganzen für Ost- und Westdeutschland, für Stadt und Land, für spezialisierte und entspezialisierte Jugendgerichtshilfen.

Bei den Jugendhilfen im Strafverfahren handelt es sich überwiegend um eigenständige, spezialisierte, meist recht kleine Organisationseinheiten bis hin zu „Ein-Personen-Jugendgerichtshilfen". Das häufig vorgetragene Argument, dass eine Integration der Jugendhilfe im Strafverfahren im ASD gleichsam automatisch zu einer stärkeren Ausrichtung an einer originären Jugendhilfeperspektive führt, hat sich in der Untersuchung nicht bestätigt. Der Grund hierfür muss aber nicht an dieser Organisationsform an sich liegen, sondern kann ebenso in den unzureichenden Rahmenbedingungen begründet sein.

Insgesamt ist das Arbeitsfeld von Stabilität und geringer Mitarbeiterfluktuation geprägt. Dies bedeutet zum einen, dass langjährige Erfahrung vorhanden ist und Kontinuität zur Entwicklung und Pflege von Kooperation ermöglicht wird. Zum anderen geht damit das Risiko einer statischen, nicht flexiblen Praxis einher, sodass Fortbildung und kollegialer Austausch sichergestellt sein müssen, um für neue Herausforderungen eines sich wandelnden Arbeitsfeldes und neue Adressatengruppen gewappnet zu sein. Hierfür müssen trotz hoher Arbeitsbelastung die notwendigen (Zeit-) Ressourcen zur Verfügung gestellt werden.

Das Handlungsfeld an der Schnittstelle zur Justiz erfordert ein besonderes Fachwissen und die Möglichkeit, Kooperationsstrukturen aufzubauen und zu pflegen. Dies lässt sich offensichtlich am ehesten durch eine Spezialisierung gewährleisten, auch langjährige Erfahrung ist hier von Vorteil. Prinzipiell ist eine Spezialisierung in unterschiedlichen Organisationsformen möglich; neben einer eigenständigen spezialisierten Arbeitseinheit sind auch Schwerpunktbildungen oder Spezialisierungen innerhalb des Allgemeinen Sozialen Dienstes möglich. Dies muss nach den jeweiligen örtlich gewachsenen Strukturen und Bedingungen entschieden werden. Die Befunde des Jugend*gerichts*hilfeb@rometer zeigen, dass sich entgegen anderslautender Erwartungen insgesamt kein Trend zur Entspezialisierung abzeichnet. In der Untersuchung schneiden die entspezialisierten Arbeitseinheiten hinsichtlich der insgesamt hohen Arbeitszufriedenheit, der Zahl der Überlastungsanzeigen und der Bewertung der Kooperation schlechter ab.

Ein blinder Fleck in der Fachdiskussion über Jugendhilfe im Strafverfahren ist die „Ein-Personen-Jugendgerichtshilfe": Immerhin jede Neunte (11 %) der Jugendgerichtshilfen besteht aus nur einer Person. Überraschenderweise liegen deren Angaben zu Arbeitszufriedenheit, Fallbelastung etc. auf vergleichbarem Niveau zu den „Team"-Jugendgerichtshilfen. Allerdings sind Überlastungsanzeigen häufiger. Die Reflexion spezifischer Anforderungen und Probleme, auch im Blick auf Kooperation und Vernetzung, die mit der Ein-Personen-Jugendgerichtshilfe verbunden sind, sind eine eigene Fachdiskussion wert. Eine fachliche Begleitung und Unterstützung der Fachkräfte durch Gremien der DVJJ wäre an dieser Stelle sicherlich hilfreich.

Zum überwiegenden Teil wird die Angebotsstruktur als angemessen beschrieben, auch wenn z. B. Angebote der Rufbereitschaft, der Betreuung im Strafvollzug und der U-Haftvermeidung vielfach fehlen. Gleichzeitig berichtet aber auch über ein Viertel der Jugendgerichtshilfen, dass die Angebotsstruktur unzureichend ist. Ebenso wird von Kapazitätsdefiziten bei einzelnen Angeboten berichtet. In rund der Hälfte der befragten Jugendgerichtshilfen wurde in den letzten Jahren die Angebotsstruktur ausdifferenziert. Mit dieser Ausdifferenzierung geht nicht unbedingt eine Verbesserung der Angebotsstruktur im Sinne passender Hilfen für die Jugendlichen einher, da ein nicht unerheblicher Teil der Angebote deliktbezogen und nicht zielgruppenspezifisch ausdifferenziert wurde (also an der Tat und nicht an den Jugendlichen orientiert). Z. B. könnten deliktspezifische Angebote auch den nicht gewünschten Effekt haben, dass die Sanktionsschwelle abgesenkt wird oder auch mehrere Weisungen im Sinne eines kontraproduktiven „Sanktionscocktails" gleichzeitig erteilt werden. Nachdenklich stimmt weiter, dass ambulante Maßnahmen – insbesondere Arbeitsweisungen/-auflagen – in einem nicht unerheblichen Umfang vorzeitig abgebrochen werden. Diese offensichtliche Nichtpassung von ambulanten Maßnahmen zeigt, wie wichtig es ist, dass die ambulanten Maßnahmen im Vorfeld der Hauptverhandlung mit dem Jugendlichen besprochen werden und dem Gericht in ihrer pädagogischen Bedeutung dargelegt werden – und das möglichst in allen Fällen. Auch hier zeigt sich die Notwendigkeit der Anwesenheit einer Mitarbeiterin bzw. eines Mitarbeiters der Jugendgerichtshilfe in der Hauptverhandlung.

Die Probleme nicht passender und deswegen abgebrochener Maßnahmen führen nicht selten zu Ungehorsamsarrest, d. h. die ursprüngliche Intention der ambulanten Maßnahmen, nämlich die Vermeidung von Freiheitsentzug, wird konterkariert. Wenn rund ein Drittel der Jugendgerichtshilfen einen Anstieg der Ungehorsamsarreste verzeichnen muss, dann ist dies mehr als ein deutliches Warnsignal.

Entgegen den vorrangig in justiznahen Veröffentlichungen immer wieder angeführten wachsenden Kooperationsproblemen – nicht zuletzt im Zusammenhang mit den Diskussionen um den § 36a SGB VIII – hat sich gezeigt: Die Kooperation mit den beteiligten Institutionen, vor allem mit den Jugendgerichten wird aus der Sicht der Jugendgerichtshilfen überwiegend als gut bis sehr gut beurteilt. Insgesamt wird nur über wenige Unstimmigkeiten berichtet. Auch die vielfach von Justizseite angemahnte Anwesenheit bzw. kritisierte Abwesenheit der Jugendhilfen im Strafverfahren in der Hauptverhandlung fand empirisch keine Bestätigung: Etwa die Hälfte der Jugendgerichtshilfen sind in allen Hauptverhandlungen anwesend. Gründe für die Abwesenheit sind einerseits formale Gründe wie Terminüberschneidungen – hier könnten Verbesserungen in der Terminabsprache die Anwesenheit sicherstellen. Andererseits werden aber auch, ähnlich einer anderen Position in der Fachdiskussion, fachliche Motive für die Entscheidung, nicht an der Hauptverhandlung teilzunehmen, genannt. In welcher Form und in welchem Umfang die Mitwirkung im gerichtlichen Verfahren stattfindet, richtet sich somit nicht nur nach Sachzwängen. Vielmehr wird die Entscheidung damit begründet, sich an den pädagogischen Erfordernissen des Einzelfalls zu orientieren und dort eigenständig Schwerpunktsetzungen vorzunehmen. Deutlich stärker in der Kritik stehen hingegen die Vorschläge der Jugendhilfe im Strafverfahren. Dies deutet möglicherweise darauf hin, dass die Sanktionspraxis der Jugendgerichte nicht immer von einer Akzeptanz der sozialpädagogischen Leistungen als eigenständige Reaktionsform bei einem entsprechend indizierten Bedarf geprägt ist. Umgekehrt wird aus der Jugendhilfeperspektive – wenngleich nicht prinzipiell, sondern eher selten – berichtet, dass die Jugendgerichte fachlich ungeeignete Weisungen verhängen. Auch hier gibt es noch Entwicklungspotenzial. Anders als es die Fachdiskussionen (bis hin zur Justizministerkonferenz) um den § 36a SGB VIII in den vergangenen Jahren haben vermuten lassen, wird im Jugend*gerichts*hilfeb@rometer von der Praxis in diesem Zusammenhang eher selten von Konflikten berichtet.

Neben dem Jugendgericht wird durchgängig auch mit anderen Institutionen (Polizei, Strafvollzug, Arbeitsverwaltung, Rechtsanwälten) kooperiert, wobei es sich hier meist um einzelfallbezogene Kooperationen handelt und nicht um eine strukturell abgesicherte oder gremienbezogene Zusammenarbeit. Findet Kooperation nur selten statt, so wird diese auch vielfach schlechter bewertet. Wenn die Jugendgerichtshilfe im ASD integriert ist, wird weniger kooperiert.

Fachlich wünschenswert ist eine systematische Weiterentwicklung der Kooperationsstrukturen. Die zurzeit überwiegend informellen Kooperationsstrukturen, die durch die hohe personelle Kontinuität erst ermöglicht werden, können strukturell und institutionell abgesicherte Strukturen nicht ersetzen. Eine strukturell abgesicherte Kooperation könnte auch die Basis dafür bilden, gemeinsam mit den beteiligten Akteuren im Sinne einer Verantwortungsgemeinschaft die Angebotsstruktur vor Ort zu diskutieren und unter einer pädagogischen Perspektive weiterzuentwickeln.

Während in der Kinder- und Jugendhilfe insgesamt das Thema interkulturelle Öffnung von sozialen Diensten und Einrichtungen als zentrale fachliche Herausforderung auf die Tagesordnung gesetzt wird, spiegeln sich diese Diskussionen in der Praxis der Jugendgerichtshilfen nur wenig wider: Weder gibt es Hinweise, die dafür sprechen, dass die interkulturelle Öffnung der Jugendgerichtshilfen weiter vorangeschritten wäre, noch gibt es in nennenswertem Umfang spezifische Angebote für Jugendliche mit Migrationshintergrund. Für die Fachdebatte gilt es, die Herausforderungen, die mit der Einwanderungsgesellschaft verbunden sind, verstärkt in den Blick zu nehmen. Es muss kritisch reflektiert werden, ob die Angebotsstruktur adäquat ist, und wie sie fachlich weiterentwickelt werden kann. Zentrale Diskussionspunkte sind u. a. Zugänge zu bislang kaum erreichten Jugendlichen, die Notwendigkeit spezialisierter Angebote, die interkulturelle Öffnung der Regeldienste oder die Einbeziehung von Migrantenorganisationen.

Die Untersuchung hat auch den Blick auf mögliche Ost-West-Unterschiede gerichtet. Schließlich zeigt sich in anderen Studien zur Arbeit von Jugendämtern immer wieder, dass auch nach den vielen Jahren der Wiedervereinigung Deutschlands noch immer beträchtliche systematische Unterschiede zwischen Ost und West bestehen (vgl. Seckinger et al. 2008, Gadow et al. 2011). In den östlichen Bundesländern wurden nach der Wiedervereinigung im Jahre 1990 auf Grundlage des damals bundesweit neu in Kraft getretenen SGB VIII[21] neue Organisationseinheiten, sowohl

---

21 Genau genommen ist das SGB VIII in Ostdeutschland drei Monate früher in Kraft getreten als in Westdeutschland.

bei der öffentlichen Jugendhilfe als auch bei der Justiz, aufgebaut. In den westlichen Bundesländern hingegen wurde an den (vermeintlich justiznäheren) Jugendgerichtshilfen angeknüpft. Zu erwarten wäre damit im Osten eine eindeutigere Verortung in der Kinder- und Jugendhilfe. Dieser Unterschied hat sich so aber nicht bestätigt. Die Differenzen zwischen Ost und West sind eher gering und können teilweise auf die unterschiedlichen demografischen Entwicklungen zurückgeführt werden.

Mit der bundesweiten Online-Befragung hat das Jugend*gerichts*hilfeb@rometer den Blick auf die Strukturen und die Organisation der Jugendhilfen im Strafverfahren gerichtet. Damit liegen nun belastbare Befunde zur Situation der Arbeitseinheiten aus Sicht der Kinder- und Jugendhilfe vor. Um das Bild vor allem hinsichtlich der Kooperation zu vervollständigen, wäre eine weitere Befragung der Jugendgerichte (von Jugendrichtern und -richterinnen, Staatsanwälten und -anwältinnen) wünschenswert. Damit läge eine empirische Grundlage für die fachliche Weiterentwicklung der Kooperation von Jugendhilfe und Justiz vor. Anknüpfend an die eingangs erwähnten Diskussionen um ein 3. JGG Änderungsgesetz zur Verbesserung der Kooperation von Justiz und Jugendhilfe könnte auf dieser Basis eine bessere Abstimmung von JGG und SGB VIII erarbeitet werden. Die Weiterentwicklung der Kooperation verfolgt dabei das Ziel, dazu beizutragen, straffälligen Jugendlichen in schwierigen Lebenssituationen Wege und Möglichkeiten aufzuzeigen, zukünftig ein möglichst straffreies Leben zu führen und sie in ihrer Entwicklung zu fördern. Dazu darf die Perspektive der Adressaten nicht in Vergessenheit geraten.

Die Jugendhilfe im Strafverfahren muss so ausgestattet und organisiert sein, dass sie Kontakt zu möglichst allen beschuldigten Jugendlichen herstellen und diese während des gesamten Verfahrens und danach pädagogisch betreuen kann. Es muss die Möglichkeit bestehen, auf eine differenzierte Angebotsstruktur zurückgreifen zu können und diese kontinuierlich weiterzuentwickeln. Das Jugend*gerichts*hilfeb@rometer hat gezeigt, dass hier vieles noch weiter verbessert werden kann und sollte. Die fachliche Weiterentwicklung des Regelangebots Jugendhilfe im Strafverfahren ist damit der zentrale Beitrag der Kinder- und Jugendhilfe, wie pädagogisch mit Jugenddelinquenz umgegangen werden kann, um negative Karrieren und künftige Straffälligkeit zu vermeiden.

# 8 Literatur

**Arbeitsstelle Kinder- und Jugendkriminalitätsprävention (Hrsg.) (2007):** Strategien der Gewaltprävention im Kindes- und Jugendalter. Eine Zwischenbilanz in sechs Handlungsfeldern. München.
**Bundesminister für Jugend, Familie, Frauen und Gesundheit (BMJFFG) (1990) (Hrsg.):** Achter Jugendbericht. www.bmfsfj.de/doku/kjb/data/download/8_Jugendbericht_gesamt.pdf (Zugriff am 3.1.2011).
**Brakhage, Monika/Drewniak, Regine (1999):** „…Sonst wäre ich im Knast gelandet…". Die ambulanten Maßnahmen aus der Perspektive der betroffenen Jugendlichen. Baden-Baden.
**Braun, Andrea (2009):** Differenzerfahrungen und sozialpädagogische Professionalität: MigrantInnen als Professionelle der Sozialen Arbeit. In: Migration und Soziale Arbeit, Jg.33/H.3/4, S. 265-269.
**Breymann, Klaus (2009):** Kooperation im Jugendstrafverfahren. In: Goerdeler, Jochen/BAG Jugendhilfe im Strafverfahren in der DVJJ (Hrsg.): Jugendhilfe im Strafverfahren. Arbeitshilfen für die Praxis. Hannover, S. 201-207.
**Bundesarbeitsgemeinschaft für ambulante Maßnahmen nach dem Jugendrecht in der DVJJ (Hrsg.) (2000):** Neue Ambulante Maßnahmen. Grundlagen – Hintergründe – Praxis. Mönchengladbach.
**Bundesministerium der Justiz (Hrsg.) (1991):** Jugendgerichtshilfe – Quo vadis? Frankfurter Symposium. Bonn.
**Bundesministerium des Innern/Bundesministerium der Justiz (BMI/BMJ) (Hrsg.) (2006):** Zweiter Periodischer Sicherheitsbericht der Bundesregierung. Berlin.
**Çaglar, Oktay (2005):** Neue ambulante Maßnahmen in der Reform. Entwicklung der neuen ambulanten Maßnahmen seit der Einführung durch das erste Gesetz zur Änderung des Jugendgerichtsgesetzes am Landgerichtsbezirk Flensburg. Zugleich eine Analyse der Sanktionierungspraxis im Jugendstrafrecht. Frankfurt a.M., Berlin, Bern, Bruxelles, New York, Oxford, Wien.
**Deutsche Angestellten Krankenkasse (DAK) (2010):** DAK Gesundheitsreport 2010. Hamburg.
**Deutscher Bundestag (2009):** Antwort der Bundesregierung auf die Große Anfrage Jugendstrafrecht im 21. Jahrhundert, Deutscher Bundestag Drucksache 16/13142 vom 26.05.2009, ebenfalls verfügbar unter http://dipbt.bundestag.de/dip21/btd/16/131/1613142.pdf.
**Drewniak, Regina/Kreichelt, Dieter/Enzmann, Jeannette/Mandel, Doreen (2010):** Selbstevaluation in der Jugendgerichtshilfe: Vorstellung eines Evaluationsinstruments. In: ZJJ Zeitschrift für Jugendkriminalrecht und Jugendhilfe, Jg.21/H.2, S. 172-176.

**Drews, Nele (2005):** Die Aus- und Fortbildungssituation von Jugendrichtern und Jugendstaatsanwälten in der Bundesrepublik Deutschland – Anspruch und Wirklichkeit von § 37 JGG. Aachen.

**Eberitzsch, Stefan (2007):** Jugendhilfe unter justizieller Zuweisung. Eine empirische Studie über alternative Angebote zur Jugenduntersuchungshaft in der Jugendhilfe, gemäß §§ 71, 72 JGG. www.jugendhilfe-im-wandel.de/dt/koll2005/eberitzsch/abstracteberitzsch.pdf (Zugriff am 30.3.2010).

**Eppenstein, Thomas/Kiesel, Doron (2008):** Soziale Arbeit interkulturell. Theorie – Spannungsfelder – reflexive Praxis. Stuttgart.

**Feldmann, Cornelia (2008):** Sozialdatenschutz in der Jugendgerichtshilfe. In: ZJJ Zeitschrift für Jugendkriminalrecht und Jugendhilfe, Jg.19/H.1, S. 21-28.

**Feuerhelm, Wolfgang/Kügler, Nicolle (2003):** Das „Haus des Jugendrechts" in Stuttgart Bad Cannstatt. Ergebnisse einer Evaluation. Mainz.

**Gadow, Tina/Peucker, Christian/Pluto, Liane/ Santen, Eric van/ Seckinger, Mike (2011):** Kinder- und Jugendhilfe. Potenziale, Probleme, Perspektiven. Im Erscheinen.

**Gehring-Decker, Melanie/Pfleger, Karin/Steingen, Anja (2006):** Erfahrungsbericht des ersten Anti-Aggressivitätstrainings mit Mädchen bei der Jugendgerichtshilfe der AWO Köln. In: ZJJ Zeitschrift für Jugendkriminalrecht und Jugendhilfe, Jg.17/H.1, S. 57-61.

**Goerdeler, Jochen (2005):** Schutz von JGH-Sozialdaten innerhalb des Jugendamtes. Internetveröffentlichung der Deutschen Vereinigung für Jugendgerichte und Jugendgerichtshilfen. www.dvjj.de/artikel.php?artikel=552 (Zugriff am 1.05.2011).

**Goerdeler, Jochen (2006):** The never ending story: Das Verhältnis von Jugendhilfe und Justiz im Jugendstrafrecht. Einige Anmerkungen zur „Steuerungsverantwortung des öffentlichen Jugendhilfeträgers". In: ZJJ Zeitschrift für Jugendkriminalrecht und Jugendhilfe, Jg.17/H.1, S. 4-11.

**Goerdeler, Jochen (2007):** Das KICK und seine Folgen für die Jugendstrafrechtspflege. In: Archiv für Wissenschaft und Praxis der sozialen Arbeit, Jg.38/H.1, S. 78-89.

**Goerdeler, Jochen (2009a):** Jugendhilfe im Strafverfahren (JuHiS). Eine fachliche Empfehlung für die Handhabung der Mitwirkungsaufgabe nach § 52 SGB VIII der BAG JuHiS in der DVJJ. In: Goerdeler, Jochen/BAG Jugendhilfe im Strafverfahren in der DVJJ (Hrsg.): Jugendhilfe im Strafverfahren. Arbeitshilfen für die Praxis. Hannover, S. 13-44.

**Goerdeler, Jochen (2009b):** Die Steuerungsverantwortung des Jugendamtes und seine Mitwirkung im Jugendstrafverfahren. In: Goerdeler, Jochen/BAG Jugendhilfe im Strafverfahren in der DVJJ (Hrsg.): Jugendhilfe im Strafverfahren. Arbeitshilfen für die Praxis. Hannover, S. 123-149.

**Goerdeler, Jochen (2009c):** Jugendgerichtshilfe durch Freie Träger. Voraussetzungen und Ausgestaltung der Beteiligten der Freien Jugendhilfe bei der Mitwirkung im Strafverfahren. In: Goerdeler, Jochen/BAG Jugendhilfe im Strafverfahren in der DVJJ (Hrsg.): Jugendhilfe im Strafverfahren. Arbeitshilfen für die Praxis. Hannover, S. 173-191.
**Goerdeler, Jochen/BAG Jugendhilfe im Strafverfahren (Hrsg.) (2009):** Jugendhilfe im Strafverfahren. Arbeitshilfen für die Praxis. Hannover.
**Gragert, Nicola/Pluto, Liane/Santen, Eric van/Seckinger, Mike (2004):** Entwicklungen (teil)stationärer Hilfen zur Erziehung. Ergebnisse und Analysen der Einrichtungsbefragung. www.dji.de/jhsw (Zugriff am 3.3.2011).
**Hahn, Kathrin (2008):** Zum Umgang mit Vielfalt und Differenz in der Sozialen Arbeit. In: Theorie und Praxis der Sozialen Arbeit, Jg.59/H.1, S. 56-62.
**Hamburger, Franz (2000):** Den Tiger reiten – Über Ausländerkriminalität diskutieren. In: Migration und soziale Arbeit, Jg.22/H.1, S. 18-19.
**Hamburger, Franz (2005):** Veränderungen der Jugendhilfe durch Migration. In: Archiv für Praxis und Wissenschaft der Sozialen Arbeit, Jg.36/H.2, S. 88-109.
**Heinz, Wolfgang (2010):** Das strafrechtliche Sanktionensystem und die Sanktionierungspraxis in Deutschland 1882 – 2008. Stand: Berichtsjahr 2008 Version 1/2010, www.uni-konstanz.de/rtf/kis/Sanktionierungspraxis-in-Deutschland-Stand-2008.pdf (Zugriff am 3.1.2011).
**Helmken, Dirk (2009):** Der Jugendstaatsanwalt: Anspruch und Wirklichkeit – Sitzungsvertretung durch Rechtsreferendare. In: ZJJ Zeitschrift für Jugendkriminalrecht und Jugendhilfe, Jg.20/H.2, S. 147-149.
**Holthusen, Bernd (2008):** Jugendliche „Mehrfach- und Intensivtäter". Probleme und Chancen institutionenübergreifender, fallbezogener Kooperation. In: DVJJ (Hrsg.): Fördern Fordern Fallenlassen – Aktuelle Entwicklungen im Umgang mit Jugenddelinquenz. Mönchengladbach, S. 399-415.
**Holthusen, Bernd (2009):** Straffällige männliche Jugendliche mit Migrationshintergrund – eine pädagogische Herausforderung. In: Bundesministerium der Justiz (Hrsg.) (2009): Das Jugendkriminalrecht vor neuen Herausforderungen? Jenaer Symposium. Mönchengladbach, S. 203-232.
**Hoops, Sabrina/Permien, Hanna/Rieker, Peter (2001):** Zwischen null Toleranz und null Autorität. Strategien von Familie und Jugendhilfe im Umgang mit Kinderdelinquenz. München.

**Hoops, Sabrina (2010):** Forschungsnotiz „Kinder- und Jugendkriminalitätsprävention in der Einwanderungsgesellschaft" – thematischer Schwerpunkt der Arbeitsstelle Kinder- und Jugendkriminalitätsprävention am Deutschen Jugendinstitut (DJI). In: ZJJ Zeitschrift für Jugendkriminalrecht und Jugendhilfe, Jg.21/H.3, S. 339-340.
**Hüncken, Arend (2010):** Standard-Tanker und TOA-Boote: Zur Veröffentlichung der Neuauflage der TOA-Standards. In: ZJJ Zeitschrift für Jugendkriminalrecht und Jugendhilfe, Jg.21/H.3, S. 320-323.
**Jehle, Jörg-Martin/Heinz, Wolfgang/Sutterer, Peter (2003):** Legalbewährung nach strafrechtlichen Sanktionen. Eine kommentierte Rückfallstatistik. Mönchengladbach.
**Jehle, Jörg-Martin/Albrecht, Hans-Jörg/Hohmann-Fricke, Sabine/ Tetal, Sabine (2010):** Legalbewährung nach strafrechtlichen Sanktionen. Eine bundesweite Rückfallstatistik 2004 – 2007. Mönchengladbach.
**Jung-Pätzold, Uwe (2009):** § 36a SGB VIII und die Folgen. In: ZJJ Zeitschrift für Jugendkriminalrecht und Jugendhilfe, Jg.20/H.3, S. 238-246.
**Klier, Rudolf/Brehmer, Monika/Zinke, Susanne (1995):** Jugendhilfe in Strafverfahren – Jugendgerichtshilfe. Handbuch für die Praxis sozialer Arbeit. Berlin, Bonn, Regensburg.
**Kommunalverband für Jugend und Soziales in Baden-Württemberg (2007):** Mitwirkung des Jugendamtes in Verfahren nach dem Jugendgerichtsgesetz. Stuttgart.
**Laubenthal, Klaus (1993):** Jugendgerichtshilfe in Strafverfahren. Köln, Berlin, Bonn, München.
**Lüttringhaus, Maria (2010):** Was ist der Fall? – Die Fallen bei der Definition Fall. Oder: Mit den Fällen in die Fallen? In: Unsere Jugend, Jg.62/H.7/8, S. 317-324.
**Lutz, Tilmann (2009):** Soziale Arbeit und die Kultur der Kontrolle. Spuren und Trampelpfade des gesellschaftlichen Strukturwandels in den Hilfen zur Erziehung in Hamburg. In: Kriminologisches Journal, Jg.41/H.4, S. 243-260.
**Mamier, Jasmin/ Seckinger, Mike/Pluto, Liane/ Santen, Eric van/ Zink, Gabriela (2002):** Organisatorische Einbettung von Jugendhilfeaufgaben in der Kommunalverwaltung. In: Sachverständigenkommission 11. Kinder- und Jugendbericht (Hrsg.): Strukturen der Kinder- und Jugendhilfe. Eine Bestandsaufnahme. Band 1 der Materialien zum 11. Kinder- und Jugendbericht. München, S. 265-318.
**Matt, Renate (2009):** Anti-Gewalt-Training für Mädchen und junge Frauen. In: ZJJ Zeitschrift für Jugendkriminalrecht und Jugendhilfe, Jg.20/H.3, S. 246-251.

**Meuser, Michael/Nagel, Ulrike (1997):** Das Experteninterview – Wissenssoziologische Voraussetzungen und methodische Durchführung. In: Friebertshäuser, Barbara/Prengel, Annedore (Hrsg.): Handbuch Qualitative Forschungsmethoden in der Erziehungswissenschaft. Weinheim und München, S. 481-491.
**Merchel, Joachim/ Pamme, Hildegard/Khalaf, Adam (2010):** Personalmanagement im Allgemeinen Sozialen Dienst (ASD). Zwischenbericht – Langfassung. Fachhochschule Münster 2010.
**Mollik, Rainer (2007):** Gelingende Jugendhilfe im Strafverfahren. „Best Practice" – Beispiele der Jugendgerichtshilfe Dresden. In: Archiv für Wissenschaft und Praxis der sozialen Arbeit, Jg.38/H.1, S. 100-112.
**Mollik, Rainer (2009):** Das Projekt „Neuanfang": Die durchgehende Betreuung im Jugendstrafverfahren in Dresden. In: ZJJ Zeitschrift für Jugendkriminalrecht und Jugendhilfe, Jg.20/H.2, S. 143-146.
**Müller, Siegfried/Otto, Hans-Uwe (1986):** Sozialarbeit im Souterrain der Justiz. Plädoyer zur Aufkündigung einer unheiligen Allianz. In: Müller, Siegfried/Otto, Hans-Uwe: Damit Erziehung nicht zur Strafe wird. Bielefeld, S. VII-XXII.
**Müller, Heinz/Mutke, Barbara/Wink, Stefan (2008):** Unter einem Dach – Neue Wege der Kooperation in der Jugendstrafrechtspflege. Das Haus des Jugendrechts Ludwigshafen. Ergebnisse einer Evaluation. Mainz.
**Ostendorf, Heribert (2007):** Der Grundsatz der Verhältnismäßigkeit und seine finanziellen Auswirkungen im Jugendstrafverfahren. In: Archiv für Wissenschaft und Praxis der sozialen Arbeit, Jg.38/H.1, S. 90-99.
**Ostendorf, Heribert (2009):** Zunehmende Hemmnisse einer wirkungsvollen Kooperation von Jugendhilfe und Justiz in der Rechtswirklichkeit. In: Bundesministerium der Justiz (Hrsg.): Das Jugendkriminalrecht vor neuen Herausforderungen? Jenaer Symposium. Mönchengladbach, S. 335-344.
**Petran, Wolfgang (o.J.):** Übergangsmanagement – ein Modell zur sozialen Integration jugendlicher Strafentlassener. www.ssoar.info/ssoar/files/2009/433/17%20petran_druck.pdf (Zugriff am 9.2.2011).
**Peucker, Christian/Gragert, Nicola/Pluto, Liane/Seckinger, Mike (2010):** Kindertagesbetreuung unter der Lupe: Befunde zu Ansprüchen an eine Förderung von Kindern. München.
**Pluto, Liane (2005):** Verwaltungsmodernisierung bei Jugendämtern – Impulse, Entwicklungen, Bewertungen. Empirische Befunde einer Vollerhebung. In: Archiv für Wissenschaft und Praxis der sozialen Arbeit, Jg. 36/H.3, S. 20-36.
**Pluto, Liane/Gragert, Nicola/Santen, Eric van/Seckinger, Mike (2007):** Kinder- und Jugendhilfe im Wandel. Eine empirische Strukturanalyse. München.

**Riechert-Rother Sabine (2008):** Jugendarrest und ambulante Maßnahmen. Anspruch und Wirklichkeit des 1. JGGAändG. Hamburg.
**Santen, Eric van/Seckinger, Mike (2003):** Kooperation: Mythos und Realität einer Praxis. Eine empirische Studie zur interinstitutionellen Zusammenarbeit am Beispiel der Kinder- und Jugendhilfe. München.
**Santen, Eric van/Seckinger, Mike (2005):** Fallstricke im Beziehungsgeflecht – die Doppelebenen interinstitutioneller Netzwerke. In: Bauer, Petra /Otto, Ulrich (Hrsg.): Institutionelle Netzwerke in Sozialraum- und Kooperationsperspektive. Tübingen, S. 201-220.
**Schmitt, Helga/Müller, Rainer/Müller, Thomas (2008):** Ausgewählte Ergebnisse der JGH-Statistik Freiburg. Unter Berücksichtigung von Gender-Mainstreaming-Aspekten. In: ZJJ Zeitschrift für Jugendkriminalrecht und Jugendhilfe, Jg.19/H.1, S. 29-34.
**Schröer, Hubertus (2008):** Jugendschutz in der Migrationsgesellschaft. In: Sozialmagazin, Jg.33/ H.6, S. 23-36.
**Seckinger, Mike/Gragert, Nicola/Peucker, Christian/Pluto, Liane (2008):** Arbeitssituation und Personalbemessung im ASD. Ergebnisse einer bundesweiten Online-Befragung. München.
**Sommerfeld, Michael (2005):** Finanzierungsnotstand der ambulanten Maßnahmen mit der Folge vermehrten Freiheitsentzugs? In: ZJJ Zeitschrift für Jugendkriminalrecht und Jugendhilfe, Jg.16/H.3, S. 295-301.
**Sprecherrat der Bundesarbeitsgemeinschaft Jugendgerichtshilfe in der DVJJ (2003):** Grundsätze: Jugendhilfe im Strafverfahren, o.O..
**Statistisches Bundesamt (2008):** Statistiken der Kinder- und Jugendhilfe: Einrichtungen und tätige Personen (ohne Tageseinrichtungen für Kinder). Wiesbaden/Bonn.
**Statistisches Bundesamt (2010a):** Bevölkerung und Erwerbstätigkeit. Bevölkerung mit Migrationshintergrund – Ergebnisse des Mikrozensus 2009. Fachserie 1, Reihe 2.2. Wiesbaden.
**Statistisches Bundesamt (2010b):** Rechtspflege. Strafvollzug –Demographische und kriminologische Merkmale der Strafgefangenen zum Stichtag 31.3., Fachserie 10, Reihe 4.1. Wiesbaden.
**Thalmann, Dagmar (2011 i.E.):** Jugendarrest – Eine kritische Bestandsaufnahme. Erscheint in: Schriftenreihe der Deutschen Vereinigung für Jugendgerichte und Jugendgerichtshilfen e.V. (Hg.): Achtung für Jugend! Dokumentation des 28. Deutschen Jugendgerichtstages vom 11.-14. September in Münster. Mönchengladbach.
**Trede, Wolfgang/Wesche, Friederike (2004):** Jugend(gerichts)hilfen zwischen fachlichen Herausforderungen und begrenzten finanziellen Ressourcen – am Beispiel Böblingen. In: ZJJ Zeitschrift für Jugendkriminalrecht und Jugendhilfe, Jg.15/H.2, S. 120-124.

**Trenczek, Thomas (2002)**: Zur Anwesenheit der JGH in der Hauptverhandlung; DVJJ-Journal. Jg.13/H.3, S. 352-355.
**Trenczek, Thomas (2003)**: Die Mitwirkung der Jugendhilfe im Strafverfahren. Konzeption und Praxis der Jugendgerichtshilfe. Weinheim, Basel, Berlin.
**Trenczek, Thomas (2007)**: Jugendhilfe im Strafverfahren: Grundlagen und Missverständnisse. In: Archiv für Wissenschaft und Praxis der sozialen Arbeit, Jg.38/H.1, S. 50-64.
**Trenczek, Thomas (2010)**: Mitwirkung der Jugendhilfe im Strafverfahren – Jugendgerichtshilfe. In: Dollinger, Bernd/Schmidt-Semisch (Hrsg.): Handbuch Jugendkriminalität. Kriminologie und Sozialpädagogik im Diskurs. Wiesbaden, S. 381-392.
**Villmov, Bernhard (2009)**: Junge Tatverdächtige in Untersuchungshaft. Rechtliche Voraussetzungen, Haftpraxis und Alternative. In: ZJJ Zeitschrift für Jugendkriminalrecht und Jugendhilfe, Jg.20/H.3, S. 226-238.
**Walter, Joachim (2010)**: Minoritäten im Strafvollzug. In: Aus Politik und Zeitgeschichte (ApuZ), H.7, S. 40-46.
**Werner, Heinz-Hermann (2006):** Worin besteht die Aufgabenstellung des ASD bei Kindeswohlgefährdungen aus dienst- und arbeitsrechtlicher Sicht? In: Kindler, Heinz/Lillig, Susanna/Blüml, Herbert/Meysen, Thomas/Werner, Annegret (Hrsg.): Handbuch Kindeswohlgefährdungen nach § 1666 BGB und Allgemeiner Sozialer Dienst (ASD). München, S. 1-4.
**Wiesner, Reinhard (2006):** SGB VIII Kinder und Jugendhilfe, 3. völlig überarbeitete Aufl., München.
**Wiesner, Reinhard (2007):** Die Steuerungsverantwortung des Jugendamtes. § 36a SGB VIII im Kontext des Kinder- und Jugendhilfeweiterentwicklungsgesetz (KICK). In: Archiv für Wissenschaft und Praxis der sozialen Arbeit, Jg.38/H.1, S. 66-76.
**Wiesner, Reinhard (2009):** Jugendhilfe und Justiz – Möglichkeiten und Grenzen der Kooperation aus der Sicht der Jugendhilfe. In: Bundesministerium der Justiz (Hrsg.): Das Jugendkriminalrecht vor neuen Herausforderungen? Jenaer Symposium. Mönchengladbach, S. 323-333.
**Zentrum Bayern Familie und Soziales – Bayerisches Landesjugendamt (Hrsg.) (2010):** Personalbemessung der Jugendämter in Bayern (PeB). Projektbericht und Handbuch. München.

# 9 Anhang

## 9.1 Abkürzungsverzeichnis

| | |
|---|---|
| **ArbSchG** | Arbeitsschutzgesetz |
| **ASD** | Allgemeiner Sozialer Dienst |
| **DVJJ** | Deutsche Vereinigung für Jugendgerichte und Jugendgerichtshilfen e.V. |
| **i. E.** | im Erscheinen |
| **JGG** | Jugendgerichtsgesetz |
| **JGH** | Jugendgerichtshilfe (Jugendhilfe im Strafverfahren) |
| **JuHiS** | Jugendhilfe im Strafverfahren (Jugendgerichtshilfe) |
| **KGSt** | Kommunale Gemeinschaftsstelle für Verwaltungsmanagement |
| **SGB VIII** | Sozialgesetzbuch VIII |
| **VZÄ** | Vollzeitäquivalent |

## 9.2 Tabellenverzeichnis

| | | |
|---|---|---|
| Tab. 1 | Vergleich der Stichprobe zur Grundgesamtheit bzgl. kommunaler Zuordnung | 16 |
| Tab. 2 | Rücklauf nach Bundesländern | 17 |
| Tab. 3 | Organisationsform der Jugendhilfen im Strafverfahren | 20 |
| Tab. 4 | Anteil der Jugendgerichtshilfen mit den jeweiligen Veränderungen in den letzten fünf Jahren | 24 |
| Tab. 5 | Anteil der Jugendgerichtshilfen mit regionaler/sozialräumlicher Aufteilung der Zuständigkeit | 26 |
| Tab. 6 | Zuständigkeitsverteilung der Jugendgerichtshilfe | 27 |
| Tab. 7 | Zuständigkeitsverteilung der Jugendgerichtshilfe nach Organisationsform | 28 |
| Tab. 8 | Vollzeitäquivalente (VZÄ) in der Jugendgerichtshilfe nach Organisationstyp | 31 |
| Tab. 9 | Beschäftigte Personen in der Jugendgerichtshilfe nach Organisationstyp | 32 |
| Tab. 10 | Anteil der Jugendgerichtshilfen mit einer Veränderung der Anzahl der Vollzeitäquivalente von 2006 zu 2009 im Ost-West-Vergleich | 33 |
| Tab. 11 | Kooperationen zwischen Jugendämtern und Jugendgerichten | 46 |
| Tab. 12 | Anteil der Jugendgerichtshilfen, die Unstimmigkeiten bei der Kooperation mit dem Jugendgericht angeben | 53 |
| Tab. 13 | Anwesenheit der Jugendgerichtshilfe in der Hauptverhandlung | 55 |
| Tab. 14 | Aussagen der Jugendgerichtshilfen zu Unstimmigkeiten mit den Jugendgerichten im Rückblick der letzten fünf Jahre | 58 |
| Tab. 15 | Fachliche Einschätzung der richterlichen Weisungen durch die Jugendgerichtshilfen | 59 |
| Tab. 16 | Anteil der Jugendhilfen im Strafverfahren, die mit den jeweiligen Kooperationspartnern kooperieren, Bewertung der Zusammenarbeit | 60 |
| Tab. 17 | Anteil der Jugendgerichtshilfen, die nicht kooperieren nach Organisationstyp | 63 |
| Tab. 18 | Kooperationsformen der Jugendgerichtshilfe nach kooperierenden Institutionen | 65 |
| Tab. 19 | Kooperationsaufgaben der Jugendhilfe im Strafverfahren | 66 |
| Tab. 20 | Selbstverständnis der Jugendhilfe im Strafverfahren | 67 |

| | | |
|---|---|---|
| Tab. 21 | Anteil der Jugendhilfen im Strafverfahren mit einer Ausdifferenzierung des Angebots | 70 |
| Tab. 22 | Ausgewählte Angebote im Ost-West-Vergleich | 72 |
| Tab. 23 | Anteil der Jugendhilfen im Strafverfahren nach der Häufigkeit des Abbruchs von ambulanten Maßnahmen | 74 |
| Tab. 24 | Einschätzung der Jugendgerichtshilfen über die Verhängung von Ungehorsamsarrest | 75 |
| Tab. 25 | Zuständigkeit der Jugendhilfe im Strafverfahren für ausgewählte Aufgabenbereiche | 76 |
| Tab. 26 | Strategien im Umgang mit Jugendlichen mit Migrationshintergrund differenziert nach dem Anteil der Jugendlichen mit Migrationshintergrund im Strafverfahren | 84 |

## 9.3 Abbildungsverzeichnis

| | | |
|---|---|---|
| Abb. 1 | Anteil der Jugendgerichtshilfen mit geringer, mittlerer und hoher Arbeitszufriedenheit | 36 |
| Abb. 2 | Anteil der Jugendgerichtshilfen mit Überlastungsanzeigen nach Organisationsform | 38 |
| Abb. 3 | Fallbelastung der Jugendgerichtshilfen – pro Vollzeitäquivalent im Jahr 2008 | 42 |
| Abb. 4 | Bewertung der Zusammenarbeit der Jugendgerichtshilfen mit den Jugendgerichten | 47 |
| Abb. 5 | Angaben der Jugendhilfe im Strafverfahren zur Kooperation mit dem Jugendgericht | 49 |
| Abb. 6 | Kooperationsformen der Jugendgerichtshilfen nach kooperierenden Institutionen | 64 |

## 9.4 Glossar

**Bruttostichprobe** — Die Gesamtzahl der Jugendämter bzw. Freien Träger, die einen Fragebogen erhalten haben.

**Bereinigte Bruttostichprobe** — Bruttostichprobe, ohne diejenigen Träger, bei denen entweder der Fragebogen wegen fehlerhafter Adresse nicht zustellbar war oder die nicht (mehr) in der Jugendhilfe aktiv sind.

**Design** — Methodische Anlage der Erhebung.

**Empirisch** — Auf Erfahrung beruhend, aus der Beobachtung gewonnen, dem Experiment entnommen, auf einer Erhebung basierend.

**Feldphase** — Phase einer empirischen Studie, in der die Daten oder Informationen gesammelt werden.

**Grundgesamtheit** — Die Menge aller Einheiten, dies können Personen, aber z. B. auch Haushalte oder Organisationen sein, über die man mittels einer Untersuchung eine Aussage machen will.

**Item** — Eine als Frage oder Urteil formulierte Aussage, zu der die antwortende Person ihre Ablehnung oder Zustimmung – ggf. in variierender Ausprägung – äußern kann.

**Itembatterien** — Inhaltlich zusammengehörende Fragen bzw. Statements mit Antwort- bzw. Bewertungsvorgaben.

**Korrelieren** — Statistisches Verfahren, bei dem zwei oder mehrere Variablen miteinander in Beziehung gesetzt werden.

**Median** — Statistische Maßzahl, die eine Häufigkeitsverteilung in ihre Hälften teilt.

| | |
|---|---|
| **Mehrfachnennungen** | Kreuzt man bei einer Frage mehrere vorgegebene Antwortkategorien an und ist dies auch vorgesehen, spricht man von Mehrfachnennungen oder auch Mehrfachantworten. |
| **Mittelwert** | Statistische Maßzahl, berechnet sich aus der Summe aller Messwerte geteilt durch die Anzahl der eingehenden Messwerte (auch Median oder arithmetisches Mittel) |
| **Nettostichprobe** | Gesamtzahl der ausgefüllten Fragebögen |
| **p** | Wahrscheinlichkeit dafür, dass ein Zusammenhang nicht gegeben ist. Im Text wird mit $p < 0.01$ bzw. $p < 0.05$ angegeben, dass ein Signifikanzniveau von 1 % bzw. 5 % unterschritten wird. |
| **Pretest** | Bezieht sich hier auf eine Überprüfung des Erhebungsinstruments (Fragebogen). Von einigen Jugendämtern und Freien Trägern wurde in unserem Beisein der Fragebogen ausgefüllt und kommentiert, mit dem Ziel, eine inhaltliche und formale Optimierung zu erreichen. |
| **Prozentpunkte** | Die Differenz zwischen zwei Prozentzahlen. Beispiel: Der Wert A beträgt 20 %, B 50 %, dann beträgt die Differenz zwischen A und B 30 Prozentpunkte. |
| **Postalische Befragung** | Eine Befragung, bei der die Fragebögen per Post versandt werden. Beim Ausfüllen ist kein Interviewer/keine Interviewerin anwesend. |
| **Range** | Differenz zwischen dem kleinsten und dem größten Wert einer Verteilung. |
| **Rücklaufquote** | Die Rücklaufquote gibt den Prozentanteil der Nettostichprobe an der bereinigten Bruttostichprobe an. |

| | |
|---|---|
| **Signifikanz** **signifikant** | Das Ergebnis einer statistischen Auswertung ist dann signifikant, wenn eine bestimmte, akzeptierte Irrtumswahrscheinlichkeit (Signifikanzniveau) nicht überschritten wird. Die Irrtumswahrscheinlichkeit wird mit $p < 0.01$ für kleiner als 1 % und $p < 0.05$ für kleiner als 5 % angegeben. |
| **Signifikanzniveau** | Irrtumswahrscheinlichkeit eines statistischen Tests; maximal akzeptierter Wert der Wahrscheinlichkeit dafür, dass bei einem statistischen Test eine wahre Hypothese irrtümlicherweise abgelehnt wird. |
| **Standardisieren** | Vorgehen, bei dem Zahlen zu einem Sachverhalt, aus unterschiedlichen Kontexten und mit unterschiedlichen Maßeinheiten, vergleichbar gemacht werden. |
| **Stichprobe** | Teilmenge der Grundgesamtheit, die in einer Untersuchung analysiert wird. |
| **Variable** | Bezeichnung für einen gemessenen Sachverhalt oder eine gemessene Größe. |
| **Vollerhebung** | Alle Mitglieder einer Population werden befragt. Beispiel: Alle Jugendringe in Deutschland werden befragt. |
| **Vollzeitäquivalent** | Das Vollzeitäquivalent (VZÄ) ist eine Kennzahl, die die Ausstattung z. B. einer Institution mit Stellen zu standardisieren und somit von der Zahl der Personen, die auf diesen Stellen arbeiten, zu abstrahieren. Sie dient dazu, die Ausstattung mit Stellen über verschiedenen Konstellationen von Vollzeit- und Teilzeitstellen hinweg vergleichbar zu machen. |

## 9.5 Fragebogen[22]

Online-Umfrage des Projektes Jugendhilfe und sozialer Wandel und der Arbeitsstelle Kinder- und Jugendkriminalitätsprävention.

Frage 1: Geben Sie bitte an, wie in Ihrem Jugendamt die Jugendhilfe im Strafverfahren organisiert ist.
- ☐ Als eine eigenständige, spezialisierte Organisationseinheit
  ⇨⇨⇨ weiter bei Frage 4
- ☐ Als ein Teil des (Allgemeinen) Sozialen Dienstes
  ⇨⇨⇨ weiter bei Frage 2
- ☐ Vollständige oder teilweise Delegation an einen oder mehrere Freie Träger
  ⇨⇨⇨ weiter bei Frage 3
- ☐ Anders, nämlich als _____
  ⇨⇨⇨ weiter bei Frage 4

Frage 2: Geben sie bitte an, wie groß in der Regel der Anteil der Arbeitszeit für die Aufgaben im Jugendstrafverfahren im Verhältnis zu den Gesamtaufgaben ist.
*(Nur wenn die Aufgaben im Jugendstrafverfahren als Teilaufgaben des **(Allgemeinen) Sozialen Dienstes** organisiert sind.)*
___ % der Arbeitszeit
☐ Ein Durchschnittswert über alle MitarbeiterInnen des ASD ist nicht zu bilden
⇨⇨⇨ weiter bei Frage 4

Frage 3: Die Aufgaben der JGH/Jugendhilfe im Strafverfahren werden wie folgt an Freie Träger delegiert:
☐ teilweise, und zwar für folgende Aufgaben: _____
☐ vollständig, und zwar an: _____
*(Bitte Namen und Anschrift des Freien Trägers eintragen)*

Frage 4: Gibt es regionale/sozialraumbezogene Aufteilungen der Zuständigkeit der JGH?
☐ nein   ☐ ja

---

[22] Das Layout wurde zur besseren Lesbarkeit und aus Platzgünden für die Druckfassung angepasst.

Frage 5: Wie ist die Zuständigkeitsverteilung in der Jugendgerichtshilfe/der Jugendhilfe im Strafverfahren organisiert?
*Sie können mehrere Angaben auswählen!*
☐ nach dem Buchstabenprinzip
☐ nach der Adresse
☐ nach Arbeitsbelastung
☐ nach Stadtteilen/Regionen
nach anderen Kriterien, nämlich: _____

Frage 6: Ist das Prinzip der Zuständigkeitsverteilung der Jugendhilfe im Strafverfahren an der Zuständigkeitsverteilung des Jugendgerichts orientiert?
☐ nein ☐ ja

Frage 7: Gibt es innerhalb der Jugendhilfe im Strafverfahren spezialisierte Zuständigkeiten?
*Sie können mehrere Angaben auswählen!*
☐ nein
☐ für Jugendliche mit Migrationshintergrund *mindestens ein Elternteil oder der Jugendliche selbst ist zugewandert*
☐ für Mehrfachtäter
☐ für Täter-Opfer-Ausgleich
☐ für Amtshilfe für andere Jugendämter
☐ für andere Aufgaben, nämlich: _____

*(bitte eintragen)*

Frage 8: Welche Aussagen hinsichtlich Veränderungen der Organisationsstruktur treffen auf Sie zu?

Es gab in den letzten fünf Jahren **grundlegende** Veränderungen in der Organisationsstruktur *(z.B. Umstellung der Zuständigkeitsverteilung, Auflösung des Spezialdienstes JGH)*.
☐ nein ☐ ja

Es sind **grundlegende** Veränderungen der Organisationsstruktur in der Diskussion oder geplant.
☐ nein ☐ ja

Frage 9: *(Filterführung: nur wenn es in den letzten fünf Jahren **grundlegende** Veränderungen in der Organistitonsstruktur gab)*
Geben Sie bitte an, um welche Veränderungen es sich dabei handelte:
_____

Frage 10: *(Filterführung: Nur wenn **grundlegende** Veränderungen in der Organistitons-struktur geplant sind)*
Geben Sie bitte an, welche grundlegenden Veränderungen geplant sind:
_____

Frage 11: Mit wie vielen Jugendgerichten arbeiten Sie regelmäßig zusammen?
Anzahl der Jugendgerichte: _____

Frage 12: Bitte geben Sie zu jeder der folgenden Aussagen an, inwiefern diese zutrifft.

Die Jugendrichter/innen wechseln so schnell, dass man mit ihnen keine verlässlichen Kooperationsbeziehungen aufbauen kann.

| trifft voll zu | trifft eher zu | trifft eher nicht zu | trifft nicht zu |
|---|---|---|---|
| ☐ | ☐ | ☐ | ☐ |

Die Kooperation mit den Jugendrichtern/innen ist seit der Einführung des § 36a SGB VIII einfacher geworden.

| trifft voll zu | trifft eher zu | trifft eher nicht zu | trifft nicht zu |
|---|---|---|---|
| ☐ | ☐ | ☐ | ☐ |

Die Betonung der Steuerungsverantwortung durch den § 36a SGB VIII hat zu Konflikten mit Jugendrichter/innen geführt.

| trifft voll zu | trifft eher zu | trifft eher nicht zu | trifft nicht zu |
|---|---|---|---|
| ☐ | ☐ | ☐ | ☐ |

Es bestehen informelle Kooperationsformen zwischen dem Jugendgericht und uns.

| trifft voll zu | trifft eher zu | trifft eher nicht zu | trifft nicht zu |
|---|---|---|---|
| ☐ | ☐ | ☐ | ☐ |

Jugendrichter/innen beteiligen sich an der Gremienarbeit (z. B. Jugendhilfeausschuss, AG nach § 78 SGB VIII, Runde Tische, Präventionsrat etc.).

| trifft voll zu | trifft eher zu | trifft eher nicht zu | trifft nicht zu |
|---|---|---|---|
| ☐ | ☐ | ☐ | ☐ |

Die Qualität der Kooperation unterscheidet sich erheblich zwischen einzelnen Jugendrichtern/innen.

| trifft voll zu | trifft eher zu | trifft eher nicht zu | trifft nicht zu |
|---|---|---|---|
| ☐ | ☐ | ☐ | ☐ |

Jugendrichter/innen beklagen die unzureichende Ausstattung der Jugendgerichtshilfe.

| trifft voll zu | trifft eher zu | trifft eher nicht zu | trifft nicht zu |
|---|---|---|---|
| ☐ | ☐ | ☐ | ☐ |

Frage 13: Geben Sie bitte an, wie sich die Kooperation in den letzten fünf Jahren hinsichtlich der unten genannten Aspekte entwickelt hat.

Die Anzahl der Unstimmigkeiten über die Anwesenheit der Jugendhilfe in der Hauptverhandlung hat …

| zugenommen | sich nicht verändert | abgenommen | Es gibt keine Unstimmigkeiten |
|---|---|---|---|
| ☐ | ☐ | ☐ | ☐ |

Die Anzahl der Unstimmigkeiten über die Berichterstattung der Jugendhilfe im Strafverfahren hat …

| zugenommen | sich nicht verändert | abgenommen | Es gibt keine Unstimmigkeiten |
|---|---|---|---|
| ☐ | ☐ | ☐ | ☐ |

Die Anzahl der Unstimmigkeiten über die Vorschläge der Jugendhilfe im Strafverfahren hat …

| zugenommen | sich nicht verändert | abgenommen | Es gibt keine Unstimmigkeiten |
|---|---|---|---|
| ☐ | ☐ | ☐ | ☐ |

Die Anzahl der Unstimmigkeiten über die Organisationsstruktur der Jugendhilfe im Strafverfahren hat…

| zugenommen | sich nicht verändert | abgenommen | Es gibt keine Unstimmigkeiten |
|---|---|---|---|
| ☐ | ☐ | ☐ | ☐ |

Die Anzahl der Unstimmigkeiten über die Angebotsstruktur der Jugendhilfe hat …

| zugenommen | sich nicht verändert | abgenommen | Es gibt keine Unstimmigkeiten |
|---|---|---|---|
| ☐ | ☐ | ☐ | ☐ |

Frage 14: Verhängen Jugendgerichte Weisungen, die Sie aus fachlichen Gründen für ungeeignet halten?

| nie | selten | manchmal | häufig |
|---|---|---|---|
| ☐ | ☐ | ☐ | ☐ |

Frage 15: Bitte bewerten Sie die bisherige Zusammenarbeit mit dem zuständigen Jugendgericht mit einer Schulnote.
*(Wenn Sie mit mehreren Jugendgerichten zusammenarbeiten, dann bewerten Sie bitte die Zusammenarbeit mit dem Gericht, mit dem Sie die **meisten** gemeinsamen Fälle haben.)*
Bitte Note eintragen _____ (1-6)

Frage 16: Bitte geben Sie an, ob die Jugendhilfe im Strafverfahren bei Ihnen mit folgenden Institutionen kooperiert und bewerten Sie diese Kooperation mit Schulnoten.

Freie Träger der Kinder- und Jugendhilfe
☐ Keine Kooperation
☐ Bezogen auf Problemlagen einzelner Jugendlicher
☐ Einzelprojekt
☐ AG nach § 78 SGB VIII
☐ Kinder- & Jugendhilfeausschuss
☐ Sonstige
Bitte Note eintragen (1-6): _____

Staatsanwaltschaft
☐ Keine Kooperation
☐ Bezogen auf Problemlagen einzelner Jugendlicher
☐ Einzelprojekt
☐ AG nach § 78 SGB VIII
☐ Kinder- & Jugendhilfeausschuss
☐ Sonstige
Bitte Note eintragen (1-6): _____

Einrichtungen des Strafvollzugs
☐ Keine Kooperation
☐ Bezogen auf Problemlagen einzelner Jugendlicher
☐ Einzelprojekt
☐ AG nach § 78 SGB VIII
☐ Kinder- & Jugendhilfeausschuss
☐ Sonstige
Bitte Note eintragen (1-6): _____

Polizei
☐ Keine Kooperation
☐ Bezogen auf Problemlagen einzelner Jugendlicher
☐ Einzelprojekt
☐ AG nach § 78 SGB VIII
☐ Kinder- & Jugendhilfeausschuss
☐ Sonstige
Bitte Note eintragen (1-6): _____

Bewährungshilfe
☐ Keine Kooperation
☐ Bezogen auf Problemlagen einzelner Jugendlicher
☐ Einzelprojekt
☐ AG nach § 78 SGB VIII
☐ Kinder- & Jugendhilfeausschuss
☐ Sonstige
Bitte Note eintragen (1-6): _____

Rechtsanwälten
☐ Keine Kooperation
☐ Bezogen auf Problemlagen einzelner Jugendlicher
☐ Einzelprojekt
☐ AG nach § 78 SGB VIII
☐ Kinder- & Jugendhilfeausschuss
☐ Sonstige
Bitte Note eintragen (1-6): _____

Arbeitsverwaltung
☐ Keine Kooperation
☐ Bezogen auf Problemlagen einzelner Jugendlicher
☐ Einzelprojekt
☐ AG nach § 78 SGB VIII
☐ Kinder- & Jugendhilfeausschuss
☐ Sonstige
Bitte Note eintragen (1-6): _____

Frage 17: Geben Sie bitte an, wie groß der Anteil der Hauptverhandlungen im Jahr 2008 war, an denen die Jugendhilfe im Strafverfahren anwesend gewesen ist?
☐ bis zu einem Drittel ⇨⇨⇨ weiter bei Frage 18
☐ bis zu zwei Dritteln ⇨⇨⇨ weiter bei Frage 18
☐ mehr als zwei Drittel ⇨⇨⇨ weiter bei Frage 18
☐ alle ⇨⇨⇨ weiter bei Frage 19

Frage 18: Geben Sie bitte die drei wichtigsten Gründe für die Abwesenheit bei der Hauptverhandlung im Strafverfahren an.
1. Grund: _____
2. Grund: _____
3. Grund: _____

Frage 19: Ist **in der Regel** die Person für die Jugendhilfe im Strafverfahren im Hauptverfahren anwesend, die maßgeblich an der Vorbereitung (mit dem Jugendlichen) der Hauptverhandlung beteiligt war?
☐ nein  ⇨⇨⇨ weiter bei Frage 20
☐ ja  ⇨⇨⇨ weiter bei Frage 21

Frage 20: Wer ist dann bei der Hauptverhandlung anwesend?
*Sie können mehrere Angaben auswählen!*
☐ Ein Gerichtsgänger
☐ Eine MitarbeiterIn eines Freien Trägers
☐ In Abhängigkeit vom Fall unterschiedlich geregelt

Frage 21: Wie schätzen Sie aufgrund ihrer Erfahrung den Stellenwert der Berichte der Jugendhilfe für die Entscheidungsfindung im Jugendstrafverfahren ein?

|  | völlig unbedeutend | | | | | | sehr bedeutend |
|---|---|---|---|---|---|---|---|
|  | 1 | 2 | 3 | 4 | 5 | 6 | 7 |
| Stellenwert der Berichte ist | ☐ | ☐ | ☐ | ☐ | ☐ | ☐ | ☐ |

Frage 22: Wie oft wird der Vorschlag der Jugendhilfe im Urteil des Jugendgerichts aufgegriffen? *(Schätzen Sie bitte die Häufigkeit der gerichtlichen Beschlüsse/Urteile, auf die es zutrifft.)*

| selten | manchmal | häufig | immer | *keine Angabe* |
|---|---|---|---|---|
| ☐ | ☐ | ☐ | ☐ | ☐ |

Frage 23: Wird das Jugendhilfeangebot/der Sanktionsvorschlag in der Regel vorher gemeinsam mit dem Jugendlichen beraten?
☐ nein
☐ ja, mit etwa _____ % der Jugendlichen, bzw. % der Fälle

Frage 24: Werden in Zusammenhang mit Jugendstrafverfahren zusätzlich Hilfeplanverfahren angeregt?
☐ nein
☐ ja, mit etwa _____ % der Jugendlichen, bzw. % der Fälle

Frage 25: Inwieweit treffen nach Ihrer Meinung die folgenden Aussagen zu?

Die Jugendhilfe im Strafverfahren muss dem Gericht einen umfassenden Eindruck von der Persönlichkeit des Jugendlichen geben.

| trifft voll zu | trifft eher zu | trifft eher nicht zu | trifft nicht zu |
|---|---|---|---|
| ☐ | ☐ | ☐ | ☐ |

Die Jugendhilfe im Strafverfahren wird vom Jugendgericht als wichtiger Partner wertgeschätzt.

| trifft voll zu | trifft eher zu | trifft eher nicht zu | trifft nicht zu |
|---|---|---|---|
| ☐ | ☐ | ☐ | ☐ |

Die Jugendhilfe im Strafverfahren muss pädagogisch auf den Jugendlichen einwirken.

| trifft voll zu | trifft eher zu | trifft eher nicht zu | trifft nicht zu |
|---|---|---|---|
| ☐ | ☐ | ☐ | ☐ |

Die Jugendhilfe im Strafverfahren sollte ggf. auch kontrovers mit dem Jugendgericht diskutieren.

| trifft voll zu | trifft eher zu | trifft eher nicht zu | trifft nicht zu |
|---|---|---|---|
| ☐ | ☐ | ☐ | ☐ |

Die Jugendhilfe im Strafverfahren sollte sich vor allem an dem erzieherischen Bedarf des Jugendlichen orientieren.

| trifft voll zu | trifft eher zu | trifft eher nicht zu | trifft nicht zu |
|---|---|---|---|
| ☐ | ☐ | ☐ | ☐ |

Die Jugendhilfe im Strafverfahren sollte ggf. auch für ein Ausschöpfen des Strafmaßes plädieren.

| trifft voll zu | trifft eher zu | trifft eher nicht zu | trifft nicht zu |
|---|---|---|---|
| ☐ | ☐ | ☐ | ☐ |

Frage 26: Geben Sie bitte an, ob zum **01.04.2009** der Anteil der Jugendlichen mit Migrationshintergrund bezogen auf alle Jugendliche, gegen die die Staatsanwaltschaft ein Verfahren eingeleitet hat, geringer als 20 % ist.
☐ weniger als 20 %
☐ 20 % und mehr

Frage 27: Welche Migrantengruppe stellt eine besondere Herausforderung für die Arbeit der JGH dar?
_____
☐ keine

Frage 28: Gibt es für Jugendliche mit Migrationshintergrund, gegen die die Staatsanwaltschaft ein Verfahren eingeleitet hat, spezielle Angebote?
☐ nein   ☐ ja

Frage 29: Werden zur Gestaltung der Jugendhilfeangebote (SGB VIII) für Jugendliche mit Migrationshintergrund, gegen die die Staatsanwaltschaft ein Verfahren eingeleitet hat, Migrantenorganisationen eingebunden?
☐ nein
☐ ja, und zwar _____
*(Bitte den Namen der Migrantenselbstorganisationen eintragen)*

Frage 30: Können Sie auf ein ausreichendes Angebot an Plätzen in Jugendhilfeeinrichtungen zur U-Haftvermeidung bzw. -verkürzung zurückgreifen?
☐ nein   ☐ ja

Frage 31: Bitte geben Sie für jede der folgenden drei Fragen an, was auf Ihre JGH zutrifft.

|  | nein | ja |
|---|---|---|
| Gibt es in Ihrem Jugendamtsbezirk Möglichkeiten für einen Täter-Opfer-Ausgleich? | ☐ | ☐ |
| Gibt es ein Betreuungsangebot der Jugendhilfe im Strafverfahren für Jugendliche im und nach dem Strafvollzug? | ☐ | ☐ |
| Gibt es eine Rufbereitschaft/einen Bereitschaftsdienst für die JGH? | ☐ | ☐ |

Frage 32: Wie häufig kam es im Jahr 2008 zu einem vorzeitigen Abbruch von den in der Tabelle aufgezählten ambulanten Maßnahmen? *(Bitte für jede Zeile beantworten).*

|  | nie | selten | manchmal | häufig |
|---|---|---|---|---|
| Bei Arbeitsweisungen/auflagen | ☐ | ☐ | ☐ | ☐ |
| Bei Sozialen Trainingskursen | ☐ | ☐ | ☐ | ☐ |
| Bei Täter-Opfer-Ausgleich | ☐ | ☐ | ☐ | ☐ |
| Bei Betreuungsweisungen | ☐ | ☐ | ☐ | ☐ |

Frage 33: Wie hat sich in 2008 die Anzahl der verhängten Ungehorsamsarreste gegenüber 2007 verändert?
☐ ist kleiner geworden
☐ gleich geblieben
☐ größer geworden

Frage 34: Kam es in den letzten zwei Jahren zu einer Ausdifferenzierung des Angebots der JGH/der Kurse für straffällig gewordene Jugendliche?
☐ nein ⇨⇨⇨ weiter bei Frage 36
☐ ja ⇨⇨⇨ weiter bei Frage 35

Frage 35: Die Ausdifferenzierung ist dabei hinsichtlich folgender Kriterien erfolgt:
*Sie können mehrere Angaben auswählen!*
☐ deliktbezogen
☐ präventiv
☐ zielgruppenspezifisch
☐ anderes Kriterium

Frage 36: Sind in den letzten zwei Jahren Angebote für straffällig gewordene Jugendliche weggefallen?
☐ nein ⇨⇨⇨ weiter bei Frage 38
☐ ja ⇨⇨⇨ weiter bei Frage 37

Frage 37: Welche Angebote sind weggefallen?
*Bitte Angebote eintragen:*
1. Angebot: _____
2. Angebot: _____
3. Angebot: _____

Frage 38: Wie schätzen Sie die örtliche Angebotsstruktur der Jugendhilfe/JGH für straffällige Jugendliche insgesamt ein?
☐ unzureichend     ☐ angemessen     ☐ Überangebot

Frage 39: Gibt es Angebote, bei denen die Nachfrage die Kapazitäten deutlich übersteigt?
☐ nein
☐ ja, und zwar _____
*(bitte Art des Angebots eintragen)*

Frage 40: Welche der folgenden Aufgabenbereiche fallen in Ihren Zuständigkeitsbereich als JGH?
*Sie können mehrere Angaben auswählen!*
☐ Angebote für strafunmündige Kinder und deren Eltern
☐ Informationsvermittlung an Schulen oder Einrichtungen der Jugendarbeit
☐ Weiterbildung von MitarbeiterInnen in der Kinder- und Jugendhilfe, der Justiz oder in Schulen
☐ Keine dieser genannten Aufgaben

Frage 41: Wie viele Stellen im Jugendamt stehen zum 01.04.2009 für die Aufgaben im Rahmen der Jugendhilfe im Strafverfahren zur Verfügung?
*(Bitte als Vollzeitstellen angeben, also z.B. eine vollzeitbeschäftigte MitarbeiterIn, eine Kraft mit einer ¾ Stelle und eine mit einer ½ Stelle ergeben in der Summe 2,25 Vollzeitstellen.)*
Bitte Anzahl der Stellen eintragen: _____
☐ unbekannt

Frage 42: Wie viele Personen sind auf diesen Stellen beschäftigt?
Bitte Anzahl der Personen eintragen: _____
☐ unbekannt

Frage 43: Wie hat sich die Anzahl der Vollzeitstellen im Vergleich zu vor drei Jahren (also im Vergleich zum 31.01.2006) verändert?
☐ Die Anzahl der Stellen wurde verringert ⇨⇨⇨ weiter bei Frage 44
☐ Die Anzahl der Stellen ist gleich geblieben ⇨⇨⇨ weiter bei Frage 45
☐ Die Anzahl der Stellen wurde vergrößert ⇨⇨⇨ weiter bei Frage 44

Frage 44: Geben Sie bitte an, warum es zu dieser Veränderung gekommen ist.
_____

Frage 45: Zur Dokumentation der Fallzahlen der JGH beziehen wir uns ...
☐ ... auf die Anzahl der Jugendlichen, die aktenkundig werden.
☐ ... auf die Anzahl der Fälle, es werden also einzelne Jugendliche evtl. öfter als einmal gezählt.
☐ ... anders, und zwar: _____

Frage 46: Wie hoch ist die Fallbelastung pro Vollzeitstelle im Jahr?
Bitte Anzahl der Jugendlichen, die in 2008 aktenkundig wurden, bzw. die Anzahl der Fälle eintragen: _____
*(Bitte Anzahl der Fälle oder Anzahl der Jugendlichen in Abhängigkeit davon, was Sie zählen).*
☐ wird nicht dokumentiert

Anhang

Frage 47: Gibt es Überlastungsanzeigen von den MitarbeiterInnen, die für Jugendhilfe im Strafverfahren zuständig sind?

|         | nein | ja |
|---------|------|----|
| In 2007 | ☐    | ☐  |
| In 2008 | ☐    | ☐  |
| In 2009 | ☐    | ☐  |

Falls immer „Nein" ⇨⇨⇨ weiter bei Frage 49

Frage 48: Geben Sie bitte an, wie viele Überlastungsanzeigen für das entsprechende Jahr vorliegen.
*Sie können mehrere Angaben auswählen!*
Für das Jahr 2007: _____ *(bitte Anzahl eintragen)*
Für das Jahr 2008: _____ *(bitte Anzahl eintragen)*
Für das Jahr 2009: _____ *(bitte Anzahl eintragen)*

Frage 49: Wie schätzen Sie die Fluktuation der Mitarbeiter/innen im Jugendamt, Bereich der Jugendhilfe im Strafverfahren/JGH ein?

|                                    | gering |   |   |   | hoch |
|------------------------------------|--------|---|---|---|------|
|                                    | 1      | 2 | 3 | 4 | 5    |
| Fluktuation der Mitarbeiter/innen ist | ☐   | ☐ | ☐ | ☐ | ☐    |

Frage 50: Schätzen Sie bitte die Arbeitszufriedenheit der Mitarbeiter/innen ein, die für die Jugendhilfe im Strafverfahren zuständig sind.

|                          | sehr niedrig |   |   |   |   |   | sehr hoch |
|--------------------------|--------------|---|---|---|---|---|-----------|
|                          | 1 | 2 | 3 | 4 | 5 | 6 | 7 |
| Die Arbeitszufriedenheit ist | ☐ | ☐ | ☐ | ☐ | ☐ | ☐ | ☐ |

Frage 51: Wie viele der Mitarbeiter/innen des Jugendamts, die Aufgaben der Jugendhilfe im Strafverfahren wahrnehmen, haben einen Migrationshintergrund?
*(Wenn die genaue Anzahl nicht bekannt ist, bitte schätzen.)*
gezählt: _____ *(bitte Anzahl eintragen)*
geschätzt: _____ *(bitte Anzahl eintragen)*

Frage 52: Wie viele der Mitarbeiter/innen des Jugendamts, die für die Jugendhilfe im Strafverfahren zuständig sind, sind männlich?
*(Wenn die genaue Anzahl nicht bekannt ist, bitte schätzen.)*
Bitte Anzahl angeben: _____
☐ unbekannt

Frage 53: Welches sind für Sie die wichtigen Aspekte oder Probleme der Jugendhilfe im Strafverfahren, die in diesem Fragebogen zu kurz gekommen sind oder einer genaueren Erklärung bedürfen?

_____
_____
_____
_____
_____

Alle wichtigen Fragen wurden gestellt: _____

## 9.6 Autorinnen und Autoren

**Dr. Tina Gadow**
Projekt „Jugendhilfe und sozialer Wandel"
Deutsches Jugendinstitut, München
gadow@dji.de

**Bernd Holthusen**
Arbeitsstelle Kinder- und Jugendkriminalitätsprävention
Deutsches Jugendinstitut, München
holthusen@dji.de

**Dr. Sabrina Hoops**
Arbeitsstelle Kinder- und Jugendkriminalitätsprävention
Deutsches Jugendinstitut, München
hoops@dji.de

**Christian Peucker**
Projekt „Jugendhilfe und sozialer Wandel"
Deutsches Jugendinstitut, München
peucker@dji.de

**Dr. Liane Pluto**
Projekt „Jugendhilfe und sozialer Wandel"
Deutsches Jugendinstitut, München
pluto@dji.de

**Dr. Mike Seckinger**
Projekt „Jugendhilfe und sozialer Wandel"
Deutsches Jugendinstitut, München
seckinger@dji.de

## Publikationsreihe der Arbeitsstelle Kinder- und Jugendkriminalitätsprävention

Download und Bestellung über www.dji.de/jugendkriminalitaet

Arbeitsstelle Kinder- und Jugendkriminalitätsprävention (Hrsg.) (2007):
**Strategien der Gewaltprävention im Kindes- und Jugendalter.**
Eine Zwischenbilanz in sechs Handlungsfeldern. München. (Band 11).

Arbeitsstelle Kinder- und Jugendkriminalitätsprävention/Informationszentrum für Kindesmisshandlung und Kindesvernachlässigung (Hrsg.) (2007):
**Early Prevention - Frühe Prävention.**
Erfahrungen und Strategien aus 12 Ländern. München. (Band 10).

Arbeitsstelle Kinder- und Jugendkriminalitätsprävention (Hrsg.) (2007):
**Evaluation in der Kinder- und Jugendkriminalitätsprävention.**
Eine Dokumentation. München. (Band 9).

Arbeitsstelle Kinder- und Jugendkriminalitätsprävention (Hrsg.) (2004):
**Prevention of Youth Crime in Germany.**
Educational Strategies, Trends, Experiences and Approaches.
München. (Band 8).

Arbeitsstelle Kinder- und Jugendkriminalitätsprävention (Hrsg.) (2003):
**Evaluierte Kriminalitätsprävention in der Kinder- und Jugendhilfe.**
Erfahrungen und Ergebnisse aus fünf Modellprojekten. München. (Band 7).

Arbeitsstelle Kinder- und Jugendkriminalitätsprävention (Hrsg.) (2002):
**Von Nachbarn lernen.**
Modelle gegen Jugenddelinquenz in den Niederlanden und in Deutschland. München. (Band 6).

Arbeitsstelle Kinder- und Jugendkriminalitätsprävention (Hrsg.) (2002):
**Die mitgenommene Generation.**
Aussiedlerjugendliche – eine pädagogische Herausforderung für die Kriminalitätsprävention. München. (Band 5).

Arbeitsstelle Kinder- und Jugendkriminalitätsprävention (Hrsg.) (2001):
**Schnelle Reaktion.**
Tatverdächtige Kinder und Jugendliche im Spannungsfeld zwischen beschleunigtem Verfahren und pädagogischen Hilfen. München. (Band 4).

Arbeitsstelle Kinder- und Jugendkriminalitätsprävention (Hrsg.) (2000):
**Wider die Ratlosigkeit im Umgang mit Kinderdelinquenz.**
Präventive Ansätze und Konzepte. München. (Band 3).
Druckfassung vergriffen - nur als Download verfügbar.

Arbeitsstelle Kinder- und Jugendkriminalitätsprävention/Bundesjugendkuratorium (Hrsg.) (1999):
**Der Mythos der Monsterkids.**
Strafunmündige „Mehrfach- und Intensivtäter". Ihre Situation – Grenzen und Möglichkeiten der Hilfe. München. (Band 2).

Arbeitsstelle Kinder- und Jugendkriminalitätsprävention (Hrsg.) (1998):
**Literaturdokumentation von Arbeitsansätzen der Kinder- und Jugendkriminalitätsprävention.** München. (Band 1).
Druckfassung vergriffen - nur als Download verfügbar.

**www.dji.de/jugendkriminalitaet**

Das Informationsportal der Arbeitsstelle Kinder- und Jugendkriminalitätsprävention

Auf der Webseite der Arbeitsstelle werden **aktuelle Themen** aus dem Handlungsfeld Delinquenzprävention im Kindes- und Jugendalter aufgegriffen und diskutiert. Forschungsvorhaben der Arbeitsstelle werden vorgestellt und Veranstaltungen mit Beteiligung der Arbeitsstelle angekündigt.

Unter der Rubrik **Zahlen – Daten – Fakten** werden grundlegende Aussagen der einschlägigen Statistiken zur Jugendkriminalität aktuell aufbereitet.

Zentrale Themen wie Strategien der Gewaltprävention, jugendliche Mehrfach- und Intensivtäter, Institutionen übergreifende Kooperation oder Evaluation bilden eigenständige **Schwerpunkte** mit Hinweisen auf weitere Veröffentlichungen und Forschungsberichte der Arbeitsstelle. Neben der Publikationsreihe bietet das Informationsportal die Möglichkeit, **weitere Veröffentlichungen** der Arbeitsstelle wie z. B. Expertisen zu jungenspezifischen Ansätze in der Gewaltprävention oder Fachaufsätze herunterzuladen.

Über das Portal sind weitere Webseiten zu laufenden und abgeschlossenen **Projekten im Themenbereich Abweichendes Verhalten** im Kindes- und Jugendalter der Arbeitsstelle und am DJI zugänglich.

**www.dji.de/youthcrime** ist die englische Webseite der Arbeitsstelle. Hier finden sich neben einer Kurzbeschreibung des „Centre for the Prevention of Youth Crime" die englischen Veröffentlichungen der Arbeitsstelle, u.a. der „National Report on Strategies for Violence Prevention in Child and Youth Age Groups in Germany. Five Fields of Action".

## Ausgewählte Buchpublikationen des Projekts „Jugendhilfe und sozialer Wandel – Leistungen und Strukturen"

### Situation und Entwicklungen in der Kinder- und Jugendhilfe

Pluto, Liane; Gragert, Nicola; Santen, Eric van; Seckinger, Mike (2007):
**Kinder- und Jugendhilfe im Wandel.**
Eine empirische Strukturanalyse. München: DJI Verlag.

Derzeit ist die Zusammenschau der Ergebnisse der letzten Erhebungswelle in Vorbereitung und wird in diesem Jahr unter folgendem Titel erscheinen:
Gadow, Tina; Peucker, Christian; Pluto, Liane; Santen, Eric van; Seckinger Mike (2011):
**Kinder- und Jugendhilfe.**
Potenziale, Probleme, Perspektiven. München.

### Themenschwerpunkt Kooperation

Santen, Eric van; Seckinger, Mike: Kooperation (2003):
**Mythos und Realität einer Praxis.**
Eine empirische Studie zur interinstitutionellen Zusammenarbeit am Beispiel der Kinder- und Jugendhilfe. München: DJI Verlag.

### Themenschwerpunkt Partizipation

Pluto, Liane (2007):
**Partizipation in den Hilfen zur Erziehung.**
Eine empirische Studie. München: DJI Verlag

Betz, Tanja; Gaiser, Wolfgang; Pluto, Liane (2010):
**Partizipation von Kindern und Jugendlichen.**
Forschungsergebnisse, Bewertungen, Handlungsmöglichkeiten. Schwalbach/Ts.

## Ausgewählte Onlineveröffentlichungen und Artikel des Projekts „Jugendhilfe und sozialer Wandel – Leistungen und Strukturen"

Seckinger, Mike; Gragert, Nicola; Peucker, Christian; Pluto, Liane (2008):
**Arbeitssituation und Personalbemessung im ASD.**
Ergebnisse einer bundesweiten Online-Befragung.
Download unter: www.dji.de/bibs/64_9515_ASD_Bericht.pdf.

Peucker, Christian (2010):
**Mut zur interkulturellen Öffnung!?**
Ergebnisse einer bundesweiten Erhebung bei Jugendverbänden.
In: deutsche jugend, 58 Jg., Heft 12, S. 531-539.

Santen, Eric van; Seckinger, Mike (2009):
**Jugend in der Kinder- und Jugendhilfe - Vom Fokus zum Rand?**
In: Homfeldt, H.G.; Schulze-Krüdener, J. (Hrsg.): Basiswissen Soziale Arbeit. Baltmannsweiler: Schneider-Verlag Hohengehren.

Weitere Informationen zu den Fragestellungen und der Anlage des Projektes sowie den Publikationen finden sie auf der Homepage unter

**www.dji.de/jhsw**